Kurt Krüger

Gustav Adolph Graf von Gotter
Leben in galanter Zeit

1. Auflage 1993

Gesamtgestaltung: Verlag und Werbeagentur Kleine Arche, Erfurt
Gesamtherstellung: Verlag und Druckerei Fortschritt Erfurt GmbH

ISBN: 3-929662-01-9

Kurt Krüger

Gustav Adolph Graf von Gotter

Leben in galanter Zeit

Herausgegeben vom
Förderverein Schloß Molsdorf e.V.

mit Unterstützung durch
die Hessische Sparkassenstiftung,
den Verein heimattreuer Erfurter e.V.
und Herrn Wolfgang Leißling

VERLAG KLEINE ARCHE

HERKUNFT UND JUGEND

Es waren unruhige Zeiten, in die Gustav Adolph Gotter am 26. März 1692 geboren wurde. Seine Wiege stand in Gotha, wo schon seine Vorfahren lebten und dort mit einflußreichen Familien verwandt oder verschwägert waren. Der Dreißigjährige Krieg hatte zwei Generationen zuvor geendet. Doch immer wieder erschütterten neue Händel das leidgeprüfte Europa. Vor allem Frankreich war bestrebt, die errungene Vormachtstellung auszuweiten. Eben erst, mitten im Frieden, war Straßburg besetzt worden. In der Pfalz legten französische Truppen Schlösser, Städte und Dörfer in Schutt und Asche. Einer großen Koalition europäischer Staaten gelang es schließlich, den Machtgelüsten des Sonnenkönigs Ludwig XIV. Einhalt zu gebieten. Kaum vergessen war auch die Schreckenskunde, daß osmanische Heere nach Österreich vorgestoßen waren und Wien belagert hatten. Nach heldenhafter Verteidigung war es 1683 gelungen, die Stadt zu befreien. Nun konnte sich die Streitmacht der Habsburger Monarchie zum Gegenangriff sammeln, und auf den Schlachtfeldern des Balkans erhob sich strahlend der Kriegsruhm des Prinzen Eugen von Savoyen.

Gotters Wiege stand in Gotha

Das Heilige Römische Reich Deutscher Nation war seit dem Westfälischen Frieden nach außen ohnmächtig, im Inneren durch die weitgehenden Machtbefugnisse großer und kleiner Potentaten geschwächt. Einer dieser Landesfürsten war Herzog Friedrich II. von Sachsen-Gotha-Altenburg, in dessen Diensten Gotters Vater Johann Michael stand.

Das Herzogtum Sachsen-Gotha gehörte zur Ernestinischen Linie des Fürstenhauses Wettin. Sie wurde begründet, als im Jahre 1485 die Söhne Ernst und Albrecht des Kurfürsten Friedrich des Sanftmütigen das väterliche Erbe teilten. Die Geschichte der Ernestiner und ihrer Fürstentümer ist ein Paradebeispiel für den unheilvollen Einfluß dynastischen Denkens mit allen nachteiligen Folgen für die politische Entwicklung im mittleren Deutschland. Das Territorium Sachsen-Gotha, das 1640 unter Herzog Ernst dem Frommen entstanden war, hatte es vorher nie gegeben. Es war eine willkürliche Neuschöpfung, die sich von den benachbarten Kleinstaaten durch nichts hervorhob und erst im Lauf der Jahre eine gewisse Vormachtstellung erlangte. Entsprechend den Strömungen der Zeit hatte dieser Staat nur eine absolutistische Prägung erhalten können. Für viele deutsche Regenten war damals Frankreich das große Vorbild. So verwundert es nicht, daß am Gothaer Hofe alsbald französische Sitten eingeführt wurden. Die pompöse Hofhaltung, von der noch heute die Prunkräume des Schlosses Friedenstein in Gotha zeugen, verschlang Unsummen Geldes. Die Gothaer Herzöge gehörten zu den ersten deutschen Fürsten, welche den berüchtigten Soldatenverkauf betrieben, um ihren Geldbedarf zu befriedigen. Die Klagen der Landstände über Sondersteuern für die Soldatenwirtschaft verhallten ungehört. Zu einem Volksstaat im heutigen Sinne war es noch ein weiter Weg. Scharf voneinander getrennte Kasten hüteten engstirnig ihre Vorrechte und ließen kein Gefühl der Zusammengehörigkeit aufkommen. Der Adel hielt die Zügel der Macht fest in seiner Hand.

Das Herzogtum Sachsen-Gotha

Gustav Adolph Gotter ist als Kind des Gothaer Landes in diesen Verhältnissen aufgewachsen und hat von ihnen wichtige, sein Leben bestimmende Eindrücke empfangen. Die Familie soll ursprünglich in Altengottern oder Großengottern bei Langensalza ansässig gewesen sein. Vom 11. bis zum 16. Jahrhundert findet sich der Name in der Form Gutter(n) wiederholt im Patriziat der Städte Erfurt, Langensalza und Mühlhausen. Ein urkundlicher Nachweis, daß jene Gutter(n) mit der späteren Familie Gotter eines Stammes waren, hat sich bisher nicht erbringen lassen, obwohl dies allgemein angenommen wird.

Die Stammfolge der bürgerlichen Familie Gotter beginnt mit Anhart Gotter dem Älteren, der um 1520 in Erfurt geboren wurde und um 1560 Pfarrer in Molsdorf gewesen sein soll. Seine Nachfahren bekleideten hohe Verwaltungs- und Kirchenämter im thüringischen Raum, später vor allem am Hof der Herzöge von Gotha. Gotters Großvater starb 1677 als herzoglich-sächsischer Superintendent, Hofprediger und Beichtvater. Sein Sohn Johann Michael, Gotters Vater, studierte Rechtswissenschaften und erwarb den Doktorgrad. Als Kammerdirektor war er 1715 Gesandter des Herzogtums Gotha am Kaiserhof in Wien. 1721 erhielt er den rittermäßigen Reichsadel mit dem Prädikat "von". Er war verheiratet mit Ludemilia Magdalena von Happe, der Tochter des Kanzlers von Schwarzburg-Sondershausen.

Die Familie Gotter

Gustav Adolph war das älteste Kind seiner Eltern. Nach ihm wurden noch zwei Söhne und fünf Töchter geboren, von denen die meisten früh starben. Durch den Umgang mit ihrem Bruder bekanntgeworden sind lediglich die Schwestern Johanna Dorothea (geb. 1699) und Ludemilia Magdalena Wilhelmina (geb. 1708). Die erste heiratete einen Herrn von Wangenheim. Deren Tochter Friederike war wegen ihrer Schönheit ein vielgepriesenes Mitglied der Gothaer Hofgesellschaft und die bevorzugte Nichte ihres gräflichen Onkels. Die andere Schwester heiratete ihren Vetter Heinrich Ernst Gotter. Sie war die Mutter des Dichters Friedrich Wilhelm Gotter, der weniger durch seine Werke als durch die Bekanntschaft mit Goethe während dessen Wetzlarer Jahre bis heute in Erinnerung geblieben ist. Die Familie Gotter bewohnte das Haus Nr. 471 in der Sieblebener Gasse am östlichen Stadtrand von Gotha. Gotters Eltern waren gebildete und vermögende Leute, die dem Sohn eine gediegene Erziehung ermöglichten. Ob er dazu die von Herzog Ernst dem Frommen gegründete höhere Schule, das Ernestinum, besuchte oder von Hauslehrern unterrichtet wurde, konnte nicht geklärt werden.

Student in Jena und Halle

Im Alter von siebzehn Jahren begann Gotter 1709 in Jena das Studium der Rechte, das er später in Halle an der Saale fortsetzte. Seine Studienzeit fiel in eine Epoche, in der sich ein grundlegender Wandel der Wissenschaften und ihrer Lehre vollzog. Mit der Abkehr von den überlebten, mittelalterlichen Einrichtungen (lateinische Sprache) und der Zuwendung zum Prinzip der freien Forschung begann an den Universitäten eine neue Art der Ausbildung. Sie wurde getragen von den Gedanken moderner Philosophie und den Erkenntnissen der Naturwissenschaften. Überall wehte der Wind der Aufklärung, so auch an der Alma Mater von Halle. Sie war erst 1694 gegründet worden, hatte sich aber in der kurzen Zeit ihres Bestehens einen ausgezeichneten Ruf erworben.

Unter den Studenten, die wie Gotter von dem fortschrittlichen Geist der Hallenser Hochschule angezogen wurden, war der junge Freiherr Gerlach Adolph von Münchhausen aus Eckartsberga in Thüringen. Die jungen Männer waren von verwandter Lebensart. Sie schlossen eine enge Freundschaft, die ungetrübt bis zum Tode andauerte. Die Eindrücke und Erfahrungen, die Münchhausen in Halle erhielt, konnte er 1737 bei Gründung der Universität Göttingen erfolgreich verwenden. Übrigens zeigte sich schon zu dieser Zeit Gotters Geschick, Wohlwollen zu erwecken und offene Herzen zu finden. So wußte er nicht nur mit

Münchhausen, sondern noch mit anderen Studenten adliger Herkunft freundschaftliche Bande zu knüpfen.

Zusage des Herzogs, im Staatsdienst angestellt zu werden

Auf den Universitäten zeichnete sich Gotter so aus, daß Herzog Friedrich II. dem um die Zukunft des Sohnes besorgten Vater eine Verwendung im Staatsdienst zusicherte, "wenn er sich weiter durch sein Studium legitimierte". Es war dies der Beginn von Gunstbezeigungen, deren sich Gotter bis zum Tode des Herzogs im Jahre 1732 ständig erfreuen durfte. Es ist verständlich, daß es deswegen nicht an Neidern fehlte. Graf Manteuffel, über den noch ausführlich zu berichten sein wird, gab den Gerüchten um dieses Wohlwollen in einem Brief an den sächsischen Minister Grafen von Brühl hämischen Ausdruck: "...sei es, daß dieser Fürst, wie viele glaubten, sich für seinen Vater hielt, sei es, daß nur das Talent und liebenswürdige Wesen, das Gotter schon als jungen Mann auszeichnete, ihm die Zuneigung des Herzogs erwarben, gewiß ist es, daß dieser ihm mit vollen Händen spendete, was jener nur verlangen mochte."

Nachdem Gotter sein Studium erfolgreich abgeschlossen hatte, begab er sich auf die bei jungen Männern von Stand damals unerläßliche Geniereise durch Holland, England und Frankreich. Im Jahre 1715, als er sich gerade in Paris aufhielt, wurde er mit Zustimmung des Herzogs Friedrich II. nach Wien berufen, um dort seinem Vater bei der Abwicklung schwieriger Geschäfte zu helfen. Diese betrafen vor allem, Forderungen aus dem Verkauf von Soldaten beizutreiben. Der junge Gotter folgte dem Auftrag nur zu gern.

DIPLOMAT IN WIEN UND REGENSBURG

Legende oder Wahrheit über Ankunft in Wien

Die historisch verbürgten Nachrichten über Gotter sind oft mit anekdotenhaften Überlieferungen vermischt. So gibt es über die Art, wie er nach Wien kam und dort in die einflußreichen Kreise gelangte, zwei grundverschiedene Angaben. Die eine steht in der Lobrede, die im Jahr nach Gotters Tod von der Königlich Preußischen Akademie der Wissenschaften veröffentlicht und von deren Sekretär verfaßt wurde. Die Übersetzung aus dem Französischen in die deutsche Sprache findet sich zum ersten Mal an einer kaum zu erwartenden Stelle, nämlich bei der Besprechung einer auf Gotter geprägten Medaille in "Der brandenburgischen historischen Münzbelustigungen vierter Teil" von Johan Jakob Spies (Ansbach 1771). Es heißt dort: "Auf seiner (Gotters) Reise nach Wien traf er zween junge oesterreichische Edelleute vom ersten Range an, die von seinem Umgang so bezaubert wurden, daß sie ihn bei ihrer Ankunft bei ihren Verwandten und in allen großen Häusern vorstellig machten, so daß also der Herr von Gotter, der gleichsam in einem Augenblicke bekannt und geliebt war, freien Zutritt bei allen Ministern des kaiserlichen Hofs hatte und diese Vorteile zum Nutzen seines Hofes anwenden konnte."

Die andere Lesart geht zurück auf eine unverbürgte Nachricht, die sich in der früheren herzoglichen Bibliothek, der heutigen Forschungsbibliothek, in Gotha befindet und von Ludwig Storch in dem von ihm verfaßten Artikel in der "Gartenlaube" wiedergegeben ist. Danach soll Gotter mit seinem Freunde Münchhausen ohne Wissen der Eltern eine Reise nach Wien unternommen haben. In Regensburg suchten die jungen Leute ein Schiff zu chartern, um auf ihm die Donau hinabzufahren. Doch das einzig vorhandene Fahrzeug war schon von zwei Prinzessinnen des Hauses Savoyen, Nichten des Prinzen Eugen, in Beschlag genommen, die nicht bereit waren, Mitreisende aufzunehmen. Gotter gelang es jedoch, den Haushofmeister der Damen zu überreden, die Freunde unter Deck zu verstecken. Als das Schiff während der Fahrt in einen berüchtigten Strudel geriet und zu kentern drohte, erschien plötzlich Gotter als Helfer in höchster Not, wies die Besatzung zu richtigem Verhalten an und rettete so Fahrzeug und Insassen aus der Gefahr. Gewandt erklärte er die Anwesenheit der Freunde und gewann schnell die Gunst der Prinzessinnen. Sie waren von seiner Liebenswürdigkeit so begeistert, daß sie ihn in Wien ihrem Onkel, dem Prinzen Eugen, vorstellten und ihm nach und nach die Türen aller bedeutenden Häuser öffneten. Das wird als besonders bemerkenswert bezeichnet, weil die steife, spanische Etikette des Wiener Hofes sonst nur Adligen mit einer langen Ahnenreihe Zutritt zu den höchsten Kreisen gestattete.

So romantisch sich die zweite Schilderung von Gotters Weg in die Wiener Gesellschaft auch anhört, ihr Wahrheitsgehalt ist gering. Gerlach von Münchhausen war im gleichen Jahr 1715, als Gotter nach Wien reiste, an das Oberappellations-Gericht zu Celle berufen worden, nachdem er vorher ein Jahr als Richter in Dresden tätig gewesen war. Er kann also schwerlich an der Donaureise teilgenommen haben. Auch hatte Prinz Eugen nicht zwei, sondern nur eine Nichte, die 1684 geborene Viktoria, Tochter von Eugens Bruder Ludwig Thomas Graf von Soissons. Die Dame erregte später unliebsames Aufsehen, als sie 1738, vierundfünfzigjährig, den wesentlich jüngeren Prinzen Josef Friedrich von Sachsen-Hildburghausen heiratete. Es war eine reine Geldheirat, denn Viktoria hatte das beträchtliche Vermögen ihres 1736 verstorbenen Onkels geerbt.

Erste Erfolge bei den Damen und in der Diplomatie

So fällt die reizende Fabel, die Ludwig Storch von dem "phantastisch geschmückten Halbgott" seiner Familie erzählt, wie ein Kartenhaus in sich zusammen. Kein Wort ist wahr von der Geschichte, daß sich die jüngere der fürstlichen Nichten wegen Gotter nie verheiratet habe und den schönen Glücksritter stets ihren Engel genannt hätte, nichts auch davon, daß Vater Gotter den ferngeglaubten Sohn auf einem Fest beim Prinzen Eugen unerwartet als Mittelpunkt der illustren Gesellschaft angetroffen habe. In Wien war Gotter anfangs nur ein wenig wichtiger Diplomat. Wenn er im Lauf der Jahre Anerkennung fand, so kaum durch den Glanz seiner Erfolge auf politischem Parkett, sondern durch die Extravaganzen seiner Lebensführung.

Der Spanische Erbfolgekrieg und seine Folgen

Als Gotter in Wien eintraf, war ein Jahr zuvor der Spanische Erbfolgekrieg zwischen Kaiser und Reich auf der einen und Frankreich auf der anderen Seite beendet worden. Keiner der Parteien war es gelungen, das angestrebte Ziel zu erreichen. Zwar hatte der Enkel Ludwigs XIV. als Philipp V. den spanischen Thron besteigen können. Doch im Frieden von Utrecht war auf Verlangen Englands festgeschrieben worden, daß Frankreich und Spanien niemals unter einer Krone vereinigt werden dürften. Spanien hatte die südlichen Niederlande - das heutige Belgien -, Mailand und Neapel an Österreich sowie Gibraltar an England abtreten müssen. Außerdem erhielt dieses von Frankreich Neufundland, Neuschottland und Gebiete an der Hudsonbai und wurde so zum eigentlichen Gewinner des Krieges. Das Elsaß sowie die Städte Straßburg und Landau, die Frankreich in seinem 3. Raubkrieg besetzt hatte, blieben französisch.

Der Nordische Krieg, den König Karl XII. von Schweden durch unvorsichtige Politik entfacht hatte, war praktisch beendet. Nach anfänglichen Erfolgen waren die schwedischen Truppen 1709 von Zar Peter I. von Rußland bei Poltawa geschlagen worden. Schwedens Vormachtstellung an der Ostsee war damit gebrochen, Rußland zur Großmacht emporgestiegen.

Aus zeitgenössischen Bildern und Berichten läßt sich erkennen, wie sich Wien dem jungen Gotter darbot. Die Stadt war von einem Festungsgürtel umgeben und von den Vorstädten durch ein breites Glacis getrennt. Wo vor mehr als 300 Jahren die Wälle dem Ansturm der Türken trotzten, zieht sich heute der Ring mit seinen prächtigen Bauwerken um den alten Stadtkern. Nach der Belagerung durch die Türken waren jenseits der Mauern Paläste begüterter Familien emporgewachsen. Zu ihnen gehörte das Belvedere des Prinzen Eugen von Savoyen inmitten kunstvoll angelegter Gärten. Gotter, der zum engeren Freundeskreis des alternden Prinzen gehörte, wird in den Laubengängen oft gelustwandelt sein und zwischen Wasserspielen und steinernen Bildwerken manche Anregung empfangen haben, die er später in Molsdorf verwirklichte.

Gotter war dreiundzwanzig Jahre alt, als er in Wien ankam. Er strotzte vor Kraft und Tatendrang. Alle Berichte preisen seine Wohlgestalt und sein gewinnendes Wesen. So schrieb Graf Manteuffel dem sächsischen Minister Brühl: "Gotter hat entschieden viele natürliche Anlagen, Verstand und Gewandtheit, er ist ehrlich, offenen Herzens, edelmütig, dienstfertig, Freund seiner Freunde." Formey, der Sekretär der Königlich Preußischen Akademie der Wissenschaften, äußerte später über die Wiener Zeit: "Die Verfassung des Herrn von Gotter in den Jahren, von denen wir reden, war ein außerordentlich heiterer Anblick." Ins Schwärmen aber geriet Ludwig Storch, wenn er beim Betrachten des Gemäldes von Kupetzky ausrief: "Wir begreifen, daß dieser schöne, kräftige Mann mit dem braunen Teint und dem braunen Haare, mit diesen flammenden, heiter lachenden, geistreichen Augen, mit diesem üppig geschwellten Munde der Liebling aller liebesbedürftigen Frauen sein mußte."

Gotters "gewinnendes Wesen" öffnet ihm viele Türen

Wenn auch von Gotters Auftreten in Wien nur wenige Nachrichten vorliegen, so bestätigen diese doch seinen im Lauf der Jahre gestiegenen Erfolg. Hierbei ist zu berücksichtigen, daß Gotter mehr als zwanzig Jahre in Wien weilte und er sicher nicht von Anfang an über die guten Beziehungen verfügte, die man ihm nachsagte. Er war einer der weniger bedeutenden Diplomaten in der Reihe der auswärtigen Vertreter am Kaiserhof. So ist es irreführend, wenn August Beck die Freundschaft Gotters zum Prinzen Eugen und dem päpstlichen Nuntius Passionei an den Beginn seiner Biographie stellt und sie nicht zeitlich einordnet. Die Beziehungen zum Prinzen Eugen begannen spät; die zu Passionei kann nicht vor 1731 aufgenommen worden sein, da dieser erst damals zum Vertreter des Heiligen Stuhls am Kaiserhof berufen wurde.

Die zeitgenössischen Berichte sind sich einig, daß es ohne Protektion kaum gelang, in die einflußreichen Kreise am Kaiserhof vorzudringen. Ein Adelstitel, die Herkunft aus einer alten Familie und eine wohlgefüllte Geldbörse waren die Kriterien, an denen man einen Neuankömmling maß. Der preußische Baron von Pöllnitz, ein weitgereister Memoirenschreiber und geistreicher Spötter, wurde von den Betroffenen heftig kritisiert, weil er die Arroganz des Wiener Adels treffend schilderte. Er schrieb, daß es in allen Erbländern des Kaisers ein Tick des österreichischen Adels sei, den Titel "Graf" verliehen zu bekommen. Die Edelleute kauften und betrachteten ihn als ein großes Gut.

Mit Hilfe der glücklich zustandegekommenen Bekanntschaften und als Mitglied des diplomatischen Korps gelang es Gotter schnell, fruchtbringende Beziehungen zu knüpfen. Seine gewinnende Art und ein glänzendes Verhandlungsgeschick trugen wesentlich bei, die Amtsgeschäfte zum Erfolg zu führen. Mit Hinweis auf Zeugen aus den Wiener Jahren schrieb Formey später: "Ohne sich Kunstgriffen und Ränken zu bedienen, ohne sich zu kriechenden Niedrigkeiten eines Klienten herabzulassen, behandelte er selbst zu einer Zeit, wo man ihn bloß mit Ergötzlichkeiten beschäftigt und ganz dem Vergnügen überlassen zu sein glaubte, die allerschwierigsten Geschäfte mit der größten Geschicklichkeit... Der Herr von Gotter hatte eine Eigenschaft, welche vorzüglich vor jedweder anderen die Herzen gewinnt: Er war höflich und außerordentlich dienstfertig. Sich an ihn zu wenden, ihn um etwas zu bitten und alsogleich den Erfolg hiervon zu sehen, war bei ihm gewöhnlich ...eine und die nämliche Sache."

Nach seinem Dienstantritt in Wien half Gotter zunächst seinem Vater, verschiedene Rechtsstreitigkeiten zu einem guten Ausgang zu führen. Durch persönliche Bekanntschaft mit den maßgebenden Beamten des Kaiserhofes lösten sich viele diplomatische Knoten wie von selbst. Bereits 1716 dankte ihm sein Landesherr den Erfolg mit der Ernennung zum Legationssekretär und 1717 mit der alleinigen Betreuung der gothaischen Geschäfte am Kaiserhof. 1720 wurde Gotter herzoglicher Rat und außerordentlicher Gesandter. Als solcher entfaltete er im Sinne seines prachtliebenden Herzogs einen kaum zu überbietenden Prunk. Sein Haus war eines der glänzendsten von Wien. Seine Gastereien waren berühmt wegen der feinen Speisen und der erlesenen Weine. Besonders letztere galten als die besten der Hauptstadt und durften bald bei keiner Tafel fehlen.

Gotter wird Legationssekretär und herzoglicher Rat

Gotter war geschäftstüchtig genug, aus dem guten Ruf seiner Weine klingende Münze zu ziehen. Er scheute sich nicht, mit ihnen zu handeln und seine Freunde und Bekannten zu beliefern. Ludwig Storch, seinem Biographen, waren diese Geschäfte allerdings nur vom Hörensagen bekannt. Sie waren ihm durch die Familientradition überliefert worden. Da er in einer Zeit mit strengeren Ehrbegriffen lebte, erschien ihm dieser Handel als von "seltsamer Natur". So seltsam war er in Gotters Zeiten allerdings nicht. Aus dem Briefwechsel des preußischen Königs Friedrich Wilhelm I. mit dem österreichischen Gesandten von Seckendorff geht hervor, daß derartige Vermittlungen damals gang und gäbe waren. Gotter hat sich denn auch nicht gescheut, den Handel mit Weinen freimütig zuzugeben. Als ihn die Kammer in Gotha einmal aufforderte, seine hohen Ausgaben zu rechtfertigen, führte er an, daß er eine ansehnliche Summe aus eigener Tasche zugelegt habe, und zwar "was ihm von verschiedenen Höfen verehrt worden, und was er sonst durch Bemühungen und durch den vorteilhaften Weinhandel erworben". Es muß jedoch bezweifelt werden, daß Gotter seinen Lebensunterhalt hauptsächlich aus diesem "ausgedehnten Weinhandel" bestritt, wie es in einer Darstellung aus dem Jahre 1964 zu lesen steht.

Das luxuriöse Leben in Wien begründete Gotters Ruf als Feinschmecker und Lebemann, der ihm bis an sein Ende vorausging. Als Folge der Völlereien stellten sich gesundheitliche Schäden ein. Im Januar 1721 mußte er zur Ader gelassen werden und sich einer Kur für die Brust unterziehen. Die dadurch erwachsenen Arztkosten erwähnte er, als er der Kammer in Gotha seine hohen Ausgaben begründete.

Im Jahre 1717 bezog Gotter aus Gotha ein Monatsgehalt von 300 Gulden, nach heutigem Geld etwa 6.000 Mark. Hiervon mußten alle Ausgaben für ihn selbst und sein Personal bestritten werden. Das reichte natürlich nicht aus, um Gotters aufwendigen Lebensstil zu gewährleisten. Um seine finanziellen Verhältnisse persönlich regeln zu können, bat er Herzog Friedrich II., nach Gotha reisen zu dürfen. Im Juni 1721 legte Gotter in einer ausführlichen Aufstellung dar, daß er für seine Ausgaben unbedingt wöchentlich 100 Gulden benötige. Diese Summe wurde vom Herzog rückwirkend ab 1717 und für die Zukunft bewilligt, wobei außergewöhnliche Aufträge und Auslagen besonders erstattet werden sollten.

Gotters kostspieliges Leben

Es ist aufschlußreich zu lesen, wofür das Geld verwendet werden sollte. Gotter hatte nichts vergessen, angefangen bei den Kosten für die Bewirtung von Reichshofräten und auswärtigen Gesandten, über Kleidung, Perücken und feine Wäsche für verschiedene Anlässe bis hin zu täglichen Almosen und häufigen Gevatterschaften sowohl bei den Vornehmen wie bei deren Bedienten.

Gotters übertriebenes Selbstbewußtsein

Gotter hatte ein ausgeprägtes, wenn nicht übertriebenes Selbstbewußtsein. Seine Rechte verteidigte er mit allem Nachdruck. Als ihn einmal die Gothaer Landesregierung aufforderte, sich vor ihr persönlich zu verantworten, lehnte er dies entschieden ab. Solange ein Gesandter sich nicht wegen eines Verbrechens als unwürdig erweise, erkenne er über sich niemanden an als Gott und seinen Souverän. Es käme nicht darauf an, was unerfahrene Leute in solchen Dingen für eine Meinung hätten. Diplomatische Dinge könnten nicht mit der Feder oder auf Universitäten entschieden werden. Für sie gälten keine andere Normen als der Gebrauch, die Erfahrung, das Zeremoniell und das Völkerrecht.

Nach einem kurzen Aufenthalt in Gotha nahm Gotter wieder seine Geschäfte in Wien auf. Sie betrafen vor allem die Betrügereien eines Dessauer Hoffaktors und die Mißheirat des Herzogs Anton Ulrich von Sachsen-Meiningen. Aus seiner Ehe mit einer bürgerlichen Hauptmannstocher waren zwei Söhne und drei Töchter hervorgegangen und von Kaiser Karl VI. in den Reichsfürstenstand erhoben worden. Dieser Standeserhebung widersprachen die übrigen sächsischen Fürsten aufs heftigste. Sie wurde später, vor allem durch Gotters Einsatz, wieder geändert und schließlich ganz aufgehoben. Im Grunde waren es recht unwichtige Dinge, mit denen sich der gothaische Gesandte zu befassen hatte.

1723 wurde Gotter zum Hofrat befördert. Im gleichen Jahr besuchte er Prag. Allem Anschein nach nahm er an einer Reise Kaiser Karls VI. teil, der sich dort mit großem Gepränge zum König von Böhmen krönen ließ. Gotter wurde bei dieser und anderen Gelegenheiten mit dem Kaiser näher bekannt. Dieser erhob ihn und seine ehelichen Nachkommen "zu Ehren des Herzogs von Gotha und in Ansehung seiner Vernunft und Geschicklichkeit, auch sowol seiner Voreltern und Ältern, als seiner selbst eigenen und dem heiligen römischen Reiche treu geleisteter Dienste halber" mit Diplom vom 6.8.1724 und dem Prädikat "Wohlgeboren" zum Reichsfreiherrn. Die Ernennung wurde Herzog Friedrich II. am 17.1.1725 angezeigt. Dieser ernannte Gotter im gleichen Jahr zum Legationsrat und erhöhte sein Gehalt.

Wegen seines Verhandlungsgeschicks und seiner Beredsamkeit fand Gotter allgemeine Beachtung. Seine dröhnende Stimme brachte ihm den Beinamen "le Jupiter foudroyant" (der donnernde Jupiter) ein. Im Verzeichnis der auswärtigen Gesandten von 1732 erschien er nicht nur als außerordentlicher Gesandter von Sachsen-Gotha, sondern auch als akkreditierter Vertreter von Brandenburg-Bayreuth. Im Jahre 1727 überbrachte ihm eine Stafette den Alexander-Niewski-Orden, den ihm der zwölfjährige Zar Peter II. von Rußland verliehen hatte. Es ist nicht bekannt, welche Dienste damit belohnt werden sollten. Ob sie so wichtig waren, wie bisher angenommen wurde, sei dahingestellt. Schließlich war Gotter mit dem russischen Gesandten am Wiener Hof gut bekannt. Dieser hatte ihn auf seine Kosten zu einer Reise nach Venedig eingeladen. Vielleicht bedurfte es nur einer gut aufgesetzten Empfehlung, um die Ratgeber des minderjährigen russischen Monarchen zu der Ordensverleihung zu bewegen.

Ein Jahr zuvor hatte Gotter den fortdauernden Festen und Vergnügungen erneut Tribut zollen müssen. Ende Mai 1726 unterzog er sich in Karlsbad einer Brunnen- und Badekur. Herzog Friedrich II. erteilte dazu die Erlaubnis, erwartete aber, daß er zuvor verschiedene Sachen erledigte, damit "nicht durch die Machinationen des Gegners etwas Nachteiliges erschlichen werde".

Neider in Wien

Natürlich hatte Gotter in Wien nicht nur Bewunderung, sondern auch Neid erweckt. Formey erwähnt einen Versuch, Gotter beim Prinzen Eugen in Mißkredit zu bringen. Man wunderte sich über seinen außerordentlichen Aufwand, die Kostbarkeit seiner Tafel und die Pracht seines Aufzugs. Man bezweifelte, ob er sich bei so vielen Äußerlichkeiten überhaupt mit wichtigen Dingen befassen könne. Der Prinz schwieg lange. Schließlich sagte er: "Es ist wahr, der Baron von Gotter macht einen großen Aufwand; ich weiß, er hat eine treffliche Tafel, man speiset sehr gut bei ihm; man trinkt noch besser, ich weiß aber auch auf das gewisseste, daß er in seinen Geschäften nicht das geringste verabsäumt."

Gotter war eine Vollblutnatur. Er war von rastlosem Tätigkeitsdrang erfüllt und schonte seine Kräfte nicht. Es ist nicht zu bezweifeln, daß er zu gleicher Zeit genießen und sich daneben seinen Dienstgeschäften widmen konnte. Zu welchen Überspanntheiten er fähig war, schildert eine Anekdote aus jener Zeit. Zu seinen Gastereien mußten die feinsten und seltensten Gerichte herbeigeschafft werden, koste es, was es wolle. So wurde erzählt, er habe zu einem Festmahle in ungünstiger Jahreszeit sein Leibessen, grüne Erbsen, bestellt und für jede einzelne von ihnen einen Groschen bezahlt. Wenn man bedenkt, was später Friedrich der Große in einer Epistel über Gotter schrieb, ist diese Anekdote durchaus glaubhaft.

Sein Leibessen: Grüne Erbsen

Natürlich war es bei diesen Gelagen nicht mit Speisen und Getränken allein abgetan. Es verstand sich von selbst, erlesenes Porzellan und edle Gläser auf den Tisch zu stellen, an kleine, aber kostbare Geschenke als Aufmerksamkeit für die Gäste zu denken und alles in einem Rahmen gediegenen Mobiliars zu präsentieren. An den Wänden bezeugten Gemälde namhafter Künstler den Kunstsinn des Gastgebers. Nicht umsonst wurde Gotter nachgesagt, daß er es trefflich vermochte, "als angenehmer Gesellschafter eine gute Mahlzeit zu teilen, Gemälde zu beurteilen, Kleider und Möbel auszuwählen, Feste anzuordnen." Gotter hat damals den Grundstock zu der Gemäldesammlung gelegt, die später die Räume des Molsdorfer Schlosses zierte. Die als Schöpfer der Bilder genannten Maler Auerbach, Kupetzky und Meytens waren im Wien des Kaisers Karl VI. begehrte Porträtisten. Da es zum guten Ton gehörte, Freunde mit dem eigenen Konterfei zu beschenken, waren die Künstler mit Aufträgen überhäuft und litten keine Not.

Obwohl Gotter großes Geschick hatte, aus allen sich bietenden Gelegenheiten klingenden Gewinn zu ziehen, so wäre ihm die aufwendige Lebensweise kaum möglich gewesen, wenn ihm nicht Fortuna bei den Staatslotterien in London und Den Haag zweimal das Große Los in den Schoß geworfen hätte. Einem Bekannten hat er später erzählt, wie es dazu kam: Beim Besuch eines hohen Herrn in Wien traf er einen ihm gänzlich unbekannten Mann namens Kron, der angab, den Leuten das Schicksal vom Gesicht ablesen zu können. Als er Gotter sah und ihn betrachtete, sagte er zu ihm: "Mein Herr, wenn Sie Ihrem Glück die Hand bieten und dieses Jahr in die Lotterien setzten, werden Sie ungeheure Summen gewinnen." Gotter sandte sofort Eilboten nach Den Haag und an andere Plätze und ließ Lose kaufen. Nach drei Monaten hatte er bei den Lotterien, in die er gesetzt hatte, über 150.000 Gulden gewonnen.

Gotter zieht zweimal das Große Los

In diese Zeit fallen erste Kontakte zu Preußen. Hiervon meldete der kursächsische Resident Suhm am 17.9.1726 aus Berlin nach Dresden: "Er (Gotter) müßte eine Bewilligung haben, um zu reisen, aber ich weiß von unterrichteter Seite, daß er es sich seit langem angelegen sein läßt, für Ihre preußische Majestät lange Kerle zu besorgen, wofür er sich nacheinander den Orden des Großmuts, den Schlüssel eines Kammerherrn und den Titel eines Geheimrats geben ließ, obwohl er im Dienst eines anderen Fürsten steht." Diese Beziehungen rissen nicht mehr ab.

Das politische Kräfteverhältnis in Europa

Um Gotters Aufgaben als Diplomat besser zu verstehen, soll hier ein Blick auf die hohe Politik geworfen werden. Durch die Friedensschlüsse nach dem Nordischen Krieg (1700 - 1721) hatte König Stanislaw Leszczynski sein Heimatland Polen verlassen müssen, denn Kurfürst August der Starke von Sachsen war endgültig als dessen Herrscher anerkannt worden. Das zum Reich gehörende Kurfürstentum hatte durch diese Personalunion ebenso an Bedeutung gewonnen wie Hannover, dessen Kurfürst im Jahre 1714 als Georg I. die englische Königskrone erlangte. Österreich waren durch die Siege des Prinzen Eugen über die Türken auf dem Balkan große Gebiete zugefallen. Es stieg so im Verband des Reichs und zugleich aus ihm heraus zu einer Großmacht mit eigenen Interessen empor.

Kaiser Karl VI. stand auf der Höhe seiner Macht. Zugleich aber drohte das Haus Habsburg zu erlöschen, denn der Monarch hatte keine männlichen Erben. Um seinen Nachkommen den Besitz der österreichischen Länder zu sichern, hatte er 1713 in einem Hausgesetz festgelegt, daß künftig auch Töchter erbberechtigt sein sollten. Diese "Pragmatische Sanktion" mußte jedoch von den Reichsfürsten und den maßgebenden europäischen Mächten anerkannt werden, war sie doch ein erheblicher Eingriff in die bis dahin gültigen politischen Normen. Das Ringen um diese Anerkennung war die Aufgabe Österreichs in den Jahrzehnten nach dem Türkenkrieg. Sie überschattete alle Erfolge und beeinflußte alle Entschlüsse.

Österreich konnte das Einverständnis der beteiligten Regierungen zur "Pragmatischen Sanktion" nur mit Opfern und Zugeständnissen erkaufen. So machte König Friedrich Wilhelm I. von Preußen, mit dem Gotter in Verbindung getreten war, seine Zustimmung davon abhängig, daß ihm Kaiser Karl VI. die Anwartschaft auf die Herzogtümer Berg und Jülich am Niederrhein verbürge. Auf diese Gebiete erhob Preußen seit längerer Zeit Anspruch. Die Manneslinie des Fürstenhauses Pfalz-Neuburg, der damaligen Besitzer, stand vor dem Erlöschen, wodurch eine Neuvergabe durch den Kaiser erforderlich wurde. Die Sorge um den Gewinn der Herzogtümer war es, daß Friedrich Wilhelm I. bald mit dem Oberhaupt des Reiches, bald mit dessen Gegnern Verträge abschloß. Die wankelmütige Haltung des preußischen Herrschers wurde so zu einem Unsicherheitsfaktor in den österreichischen Überlegungen. Prinz Eugen von Savoyen, der die habsburgische Politik leitete, suchte deshalb auf den König Einfluß zu gewinnen. In dieses Spiel wurde auch Gotter hineingezogen, einmal, weil er ein Freund des Prinzen Eugen war, zum anderen, weil sich Friedrich Wilhelm I. einen Gewährsmann am Wiener Hof verschaffen wollte. Gotter gehörte jedoch nicht zu jenem Kreis von Agenten, die Graf von Seckendorff, Österreichs Gesandter am preußischen Hofe, 1728 bei einem Herrenabend in Dresden zur Arbeit für den Prinzen Eugen gewonnen hatte. Diese Männer, unter ihnen Graf von Manteuffel, spionierten in der Folgezeit die geheimsten Gedanken Friedrich Wilhelms I. aus und verrieten sie an Wien. Aus dem Briefwechsel Seckendorffs mit dem Prinzen Eugen geht hervor, daß für diese Tätigkeit regelmäßig hohe Summen bezahlt wurden.

Von Gotters Verbindung zum preußischen König zeugt ein Brief, den er am 5.2.1727 aus Wien schrieb. Aus ihm geht hervor, daß Gotter dem Prinzen Eugen im Auftrag des Königs einen Orden überreicht und dabei die jülich-bergische Frage angeschnitten hat. Die Antwort des Prinzen enthielt die üblichen Ausflüchte des Wiener Hofes in dieser Angelegenheit. Ein zweiter Brief an den

Der Handel mit "langen Kerls"

König beweist Gotters aktive Beteiligung am Handel mit "langen Kerls". Er schilderte, wieviel Mühe man habe aufwenden müssen, um zwei Männer zu bekommen, deren einer der längste sei, den man je gesehen habe. Der Brief schließt mit einer Flut von Höflichkeitsfloskeln und Liebedienerei, die erkennen lassen, wie sehr sich Gotter beim König ins rechte Licht setzen wollte.

Friedrich Wilhelm I. hatte eine Vorliebe für das Militärwesen, die ihm den Beinamen "Soldatenkönig" eingetragen hat. Die Ausgaben für das Heer, das er zum schlagkräftigsten in Europa auszubilden wußte, verschlangen einen erheblichen Teil des Staatshaushaltes, so daß die Bewohner des Landes unter harten Steuerlasten zu leiden hatten. War der König auch als sparsam bekannt, für die Beschaffung von langen Kerlen war ihm keine Ausgabe zu hoch. Diese Schwäche wurde von Männern, die wie Gotter und Seckendorff auf ihren Vorteil bedacht waren, gehörig ausgenutzt.

Militärdienst für den "gemeinen Mann"

Für den gemeinen Mann war der Militärdienst eine Beschäftigung, vor der man sich mehr als vor dem Teufel hüten mußte. Viele Leute wurden zwangsweise in die Uniform gesteckt. Die Manneszucht war nur unter Androhung und Anwendung barbarischer Strafen aufrechtzuerhalten. In den Augen der Offiziere galt der Mann aus dem Volk wenig mehr als das Hausvieh. Friedrich Wilhelm I. war wegen seines Jähzorns gefürchtet. Bei den geringsten Anlässen griff er zum Gehstock und verprügelte selbst Offiziere und hohe Beamte. Da war es kein Wunder, daß er überall Nachahmer fand. Für die Dienste beim Soldatenhandel und durch die Berichte aus Wien konnte Gotter bald den erhofften Lohn einstreichen. Auf ausdrücklichen Wunsch des preußischen Königs und mit Erlaubnis des Herzogs von Gotha reiste er im Mai 1728 nach Berlin, wo man ihn am 21.6.1728 zum Wirklichen Geheimen Staatsrat mit 1.000 Taler Jahresgehalt ernannte. Außerdem wurde Gotter zugesichert, daß er bei nächster Gelegenheit in Halberstadt eine reiche Kirchenpfründe erhalten solle. Dieser Fall trat schon 1729 ein, wodurch sich Gotters Einkünfte beträchtlich erhöhten. Das Dienstverhältnis zum Herzogtum Gotha blieb jedoch trotz der Verbindung mit Preußen weiter bestehen.

Als Beweis für das hohe Ansehen Gotters beim preußischen König wird an mehreren Stellen der Literatur die Verleihung des Hohen Ordens vom Schwarzen Adler angeführt. Diese Auszeichnung wie auch die Ernennung zum Staatsrat verlieren jedoch erheblich an Wert, wenn man erfährt, wie sie zustande gekommen sind. Sie beruhten wesentlich auf der Belieferung mit langen Kerls. In diesem Sinne äußerte sich der König in einem Brief an den Gesandten von Seckendorff. An anderer Stelle steht, daß der König um die Verleihung des Ordens angegangen wurde und er diese davon abhängig machte, "großer Kerle habhaft zu werden". Am 7.9.1731 heißt es schließlich: "Der Herr Baron Gotter hat Mir einige schöne Recruten gebracht, da ich ihm denn in Ansehung des Prinzen Eugen Vorschreiben den großen Orden vom schwarzen Adler gegeben." Unrichtig ist die Angabe, daß Gotter den Orden schon 1729 erhalten habe. Friedrich Wilhelm I. hätte in seinem Brief vom 7.9.1731 kaum auf die Verleihung angespielt, wenn diese zwei Jahre früher stattgefunden hätte. So ist sie denn auch an anderer Stelle richtig mit "September 1731" angegeben. Unmittelbar nach der Ordensübergabe lernte Formey Gotter beim Grafen Manteuffel kennen. In seinen Memoiren schrieb er: "Die damaligen Adelskreise betrachteten ihn als einen Emporkömmling, und er würde wegen seiner Erhebung in Verlegenheit geraten sein, wäre er nicht ein Mann von Geist und geeignet gewesen, ohne falschen Stolz die Würde zu tragen, die er erhalten hatte." Gotter hat sich bei jeder Gelegenheit mit dem Orden darstellen lassen. Auf den Porträts aus jener Zeit ist der große Stern mit dem Wahl-

Der Hohe Orden vom Schwarzen Adler

spruch "Suum cuique" (Jedem das Seine) deutlich abgebildet. In den folgenden Jahren sind die ersten, uns bekannten Abbildungen Gotters entstanden. Für die Beurteilung des Grafen ist hierbei besonders reizvoll, daß die Bilder von verschiedenen und vor allem namhaften Künstlern gemalt worden sind, die mit unbestechlichem Auge und sicherer Hand sein Wesen dargelegt haben.
In Wien ist Gotter mit vielen Malern bekannt geworden. Zu ihnen gehörten Martin de Meytens und Johann Kupetzky. De Meytens entstammte einer flandrischen Künstlerfamilie. Ab 1731 ließ er sich in Wien nieder und stieg dort zum Hofmaler der Kaiserin Maria Theresia empor. Sein Porträt Gotters muß zwischen 1731 und 1736 entstanden sein (Abbildung). Von dem Bild existieren zwei Exemplare. Eines gehörte dem Freiherrn von Bruckenthal. Es befindet sich heute in den von ihm gestifteten Sammlungen des Bruckenthal-Museums in Sibiu (Rumänien), das andere besitzt die Staatsgalerie Stuttgart. Es zeigt Gotter im Amtsgewand mit Allongeperücke, seidener Halsbinde und roter Schärpe, an der in Hüfthöhe das Kreuz des Schwarzen Adlerordens hängt, während die Zacken seines Sterns von der Brust unter dem Ordensband hervorblitzen.

Der Maler Johann Kupetzky

Johann Kupetzky wurde als Sohn eines Webers in der Slowakei geboren. Er sollte das Handwerk des Vaters erlernen. Doch er weigerte sich und floh aus dem Elternhaus. Lange Wanderjahre führten ihn schließlich nach Wien. Als Gehilfe älterer Maler hatte er gelernt, schnell zu porträtieren und darin eine solche Fertigkeit erlangt, daß er sich selbständig machen konnte. Sein Ruf drang bis an den Kaiserhof. Den Auftrag, Kaiser Karl VI. zu malen, führte er so meisterlich aus, daß er zum Hofmaler ernannt werden sollte. Kupetzky lehnte dies aus Glaubensgründen ab. Er gehörte zur Sekte der Böhmischen und Mährischen Brüder, die den Protestanten nahestanden. Da er deswegen Repressalien befürchtete, verließ er Wien und zog nach Nürnberg, wo er bis an sein Lebensende blieb. Sein Selbstbildnis befand sich früher im Molsdorfer Schloß. Es wurde 1825 mit anderen Gemälden nach Gotha gebracht, wo es im Schloß Friedenstein neben dem Bild des ungarischen Freiheitskämpfers Rákóczy noch heute zu sehen ist.
Kupetzky war ein außerordentlich fruchtbarer Künstler. Leider sind viele seiner Gemälde verlorengegangen. Glücklicherweise fanden sich schon bei Lebzeiten des Meisters ausgezeichnete Kupferstecher, die sie in Schabmanier kopierten. Drucke dieser Arbeiten, unter ihnen auch die Bilder Gotters und seiner Eltern, finden sich noch in mehreren Kupferstichkabinetten. Wann und wo Kupetzky Gotter und seine Eltern gemalt hat, ist nicht leicht zu beantworten. Nach Nyári ist Kupetzky vom Herzog von Gotha an seinen Hof geladen worden. Da Gotters Vater 1729 starb, müssen die Bilder der Eltern vorher entstanden sein. Gotters Porträt kann indessen nur zwischen 1731 (Verleihung des Schwarzen Adlerordens) und 1737 (Signatur des Kupferstechers Vogel) gemalt worden sein. Es befand sich noch 1927 in Molsdorf, ist aber jetzt verschollen. Vorhanden hingegen ist weiterhin Kupetzkys Gemälde "Graf Gotter im Jagdanzug" (Abbildung).
Die vortreffliche Wiedergabe von Gotters Naturell auf dem Brustbild von Kupetzky hat schon Storch gerühmt. Dem Artikel in der "Gartenlaube" ist ein Holzschnitt beigegeben, der nach einer Fotografie des Originals gefertigt wurde. Weit ausdrucksvoller als dieser ist jedoch die Arbeit des Kupferstechers Vogel (Abbildung). Wie auf dem Bild von Meytens drücken die Gesichtszüge Gotters ein starkes Selbstbewußtsein aus. Unter dem Schabkunstblatt steht der Spruch aus Horaz: "Multa petentibus desunt multa", ("Viel fehlt dem, der viel begehrt").
Etwa aus der gleichen Zeit wie die Bilder von Kupetzky und Meytens stammt Gotters Porträt aus dem Pinsel von Adám Mányoki. Stationen dieses ungarischen

Malers waren Hamburg, Berlin, Wien, Warschau und vor allem Dresden, wo ihn August der Starke zu seinem Hofmaler ernannte. Das Gemälde (Abbildung) zeigt Gotter in polnischer Kleidung lebensgroß bis auf den halben Leib. Es befindet sich heute im Herzog Anton Ulrich-Museum zu Braunschweig.

Preußischer Staatsrat

Doch kehren wir ins Jahr 1728 zurück. Vielleicht als Folge der Ernennung Gotters zum preußischen Staatsrat wollte Herzog Friedrich II. von Gotha diesen enger an sein Haus binden. Er stellte ihm deshalb am 20.8.1728 in Aussicht, beim Tode des hochbetagten Gesandten von Hagen dessen Nachfolge am Reichstag in Regensburg anzutreten. Dieser Fall trat im Dezember 1729 ein. Gotter erhielt Hagens Besoldung in Höhe von 1.249 Taler, blieb aber zugleich Gesandter in Wien.

Gesandter am Reichstag in Nürnberg

Der Reichstag hatte seit 1663 seinen ständigen Sitz in Regensburg. Er war neben dem Reichshofrat in Wien und dem Reichskammergericht zu Wetzlar eine der noch bestehenden Reichsinstitutionen. Doch die deutsche Politik wurde nicht mehr hier, sondern an den Fürstenhöfen gemacht. Je größer ein Territorium im Reichsverband war, umso mehr betrieb es eine auf die eigenen Interessen zugeschnittene Politik. Je kleiner und kraftloser ein Reichsstand war, umso mehr suchte er Rückhalt und Schutz am Reiche. Deshalb lebte der Reichsgedanke auch stärker in den kleinen Territorien des Südens und Westens als im Norden und Osten des Reichs.

Zwischen 1714 und 1724 umfaßte der Reichstag 47 Gesandte der Kurfürsten, der Fürsten und der Reichsstädte. Das Verhältnis der Gesandten untereinander war bestimmt von dem Bestreben ihrer Landesherren, einander an Macht und Rang zu übertreffen. Das führte zu oft grotesken Auseinandersetzungen über das Zeremoniell. So weigerten sich einmal die kurfürstlichen Gesandten, bei einem Festmahl zwischen den anderen Gästen Platz zu nehmen, weil sie befürchteten, damit dem Ansehen ihrer Herrscher zu schaden. Man blieb also stehen und nahm so das Konfekt und die Liköre ein. In einem anderen Fall wäre es fast zu einem Eklat gekommen, weil fürstliche Gesandte gewagt hatten, sich auf die Kirchenstühle ihrer kurfürstlichen Kollegen zu setzen.

Gotter hat dem erlauchten Verband zwei Jahre angehört. Seine Tätigkeit bestand vor allem darin zu repräsentieren. Bei seinen dortigen Standesgenossen scheint er beliebt und angesehen gewesen zu sein. Das bezeugt unter anderem die Tatsache, daß ihm ranghöhere Gesandte, als er krank war, zuerst ihre Antrittsbesuche abstatteten. Interessant und für das diplomatische Gehabe jener Zeit charakteristisch ist Gotters eigene Schilderung von seinem Besuch beim Vertreter des Kaisers, dem Prinzipialkommissar Grafen von Stahremberg. Zur vorher abgesprochenen Stunde ließ sich Gotter in einem reich vergoldeten, mit Stoffrüschen besetzten Paradewagen, den man eigens zu diesem Zweck aus Berlin herangeschafft hatte, zum Grafen von Stahremberg fahren. Das Gefährt war mit sechs braunen, italienischen Hengsten bespannt, deren Geschirre aus rotem Saffianleder gefertigt und mit goldenen Beschlägen verziert waren. Vor und neben dem Wagen gingen Lakaien, Heiducken und Pagen, deren in Rot, Grün und Silber gehaltene Bekleidung trefflich zu den grünseidenen Leitseilen der Pferde paßte.

Gotter fährt im Paradewagen vor

Graf von Stahremberg empfing Gotter in seinem Audienzzimmer, wo unter einem Baldachin zwei Lehnsessel gegenübergestellt waren. Dort rückte ein Kavalier Gotter den Stuhl und zog sich danach zurück. Gotter überreichte nun das herzogliche Beglaubigungsschreiben und hielt eine Rede. Stahremberg erwiderte "mit vielen respectablen Ausdrücken" und gratulierte Gotter wegen der in seiner Person getroffenen glücklichen Auswahl.

Für Wien hatte Gotter, wie bereits erwähnt, je Woche ein Gehalt von 100 Gulden bewilligt bekommen, das mit der Beförderung zum Legationsrat noch erhöht worden war. Für den Aufenthalt in Regensburg wurden ihm zunächst nur 100 Taler monatlich, später 200 Taler gewährt. Wie aber hätte Gotter mit einer so geringen Summe seinen aufwendigen Lebensstil finanzieren sollen! In einem ins einzelne gehenden Schreiben setzte er Herzog Friedrich II. auseinander, daß mit diesem Betrag unmöglich auszukommen sei, da zwischen den Preisen in Regensburg und in Wien kaum ein Unterschied bestehe. Gotter erhielt, was er wollte, nämlich wie in Wien 100 Taler wöchentlich.

Herzog Friedrich II. stirbt im März 1732

Da trat ein Ereignis ein, das Gotters Verhältnis zum Herzoghaus von Gotha wesentlich ändern sollte: Herzog Friedrich II. starb im März 1732, mitten in den Vorbereitungen Gotters, in einem feierlichen Zeremoniell vom Kaiser die Reichslehen für das Haus Gotha zu empfangen. Schon im April erhielt Gotter vom neuen Regenten Friedrich III. die Anweisung, sich nach Regensburg zu begeben, um dort Gothas Stimmrecht wahrzunehmen. Der Auftrag kam Gotter wenig gelegen. Er verzögerte die Abreise aus Wien, solange es möglich war. Zur gleichen Zeit begann wieder das zermürbende Feilschen um sein Gehalt.

Anfang Juli 1732 fuhr Gotter nach Karlsbad, um sich dort vom Kaiser und dessen Gemahlin als Gesandter am Wiener Hof zu verabschieden. Karl VI. schrieb darüber an Herzog Friedrich III., Gotter habe sich "mit Vernunft und Geschicklichkeit dergestalt rühmlich aufgeführt, daß er darob ein gnädiges Vergnügen gehabt und ihn jedesmal gern gnädigst angehört habe". Aus Anlaß seines Abgangs aus Wien ließ der Kaiser Gotter als Geschenk 500 Speciesdukaten überreichen.

In jenen Tagen scheint Gotter klar geworden zu sein, daß seine persönlichen Verhältnisse beim Verbleib in gothaischen Diensten nicht wesentlich zu verbessern seien. Er suchte deshalb bei Herzog Friedrich III. um Entlassung nach, die ihm am 6.8.1732 gewährt wurde, "obwohl der Herzog seine Beibehaltung gern gesehen hätte." In Anbetracht seiner bisherigen treuen Dienste und in der Erwartung, daß er auch künftig die eine oder andere Aufgabe für das Herzogtum besorgen werde, wurde Gotter eine jährliche Pension von 1.000 Taler bewilligt.

Die Lobessprüche decken sich indessen nicht mit einer Notiz an andere Stelle. Dort wird berichtet, Herzog Friedrich III. habe dem kursächsischen Oberstleutnant von Brühl, der sich gerade in Gotha aufhielt, vertraulich mitgeteilt, er wolle die 1.000 Taler Pension gern verschmerzen, wenn er dadurch Gotter auf gute Art loswerde. Querelen gab es bis zuletzt wegen einer Forderung Gotters in Höhe von 11.982 Taler. Die Rechnung wurde von der herzoglichen Kammer zunächst als vollkommen unbegründet und maßlos übertrieben zurückgewiesen. Nach manchem Hin und Her erklärte sich Gotter schließlich mit 3.667 Taler für alle Forderungen befriedigt.

Gotter hatte um seine Entlassung aus gothaischen Diensten nicht nachgesucht, ohne sich rückzuversichern. Seit mehreren Jahren bestanden die erwähnten Verbindungen zum preußischen Hof, und König Friedrich Wilhelm I. hatte sich mehrfach von der Wendigkeit des thüringischen Diplomaten überzeugen können. Außerdem besaß Gotter im Prinzen Eugen, seinem Spiel- und Jagdfreund, und dem Grafen von Seckendorff gewichtige Fürsprecher. Wiederholt hatte er geheime Briefschaften Seckendorffs durch seine Kuriere nach Wien befördern lassen. Am 22.2.1727 schon hatte Seckendorff dem Prinzen Eugen geschrieben: "Des Gotters geheime Correspondenz ist von gutem Effect und kann man dem Mann an Handen geben, was er bei Gelegenheit insinuiren (d.h. einflüstern) soll, denn er ist in gutem Credit bei dem Könige." Weiter liegen im Haus-, Hof- und

Empfehlungen des Prinzen Eugen

Staatsarchiv in Wien Briefe Gotters vom 11.4. und 27.5.1730 vor, aus denen hervorgeht, daß er im Auftrag des Prinzen Eugen in Berlin war. So darf es nicht verwundern, daß Gotter im August 1732, dem Monat seiner Entlassung aus gothaischen Diensten, auf dem Gut des Grafen Seckendorff in Meuselwitz bei Zeitz mit König Friedrich Wilhelm I. zusammentraf. Wahrscheinlich wurde er dort in preußische Dienste übernommen.

Schon am 26.8.1732 erhielt Gotter die Instruktion für sein Verhalten als Gesandter in Wien. Die Entsendung an Stelle des bisherigen Vertreters Brand war eine besondere Gefälligkeit des preußischen Königs gegen den Prinzen Eugen. Sie wurde von diesem denn auch freudig begrüßt. Niemand, so schrieb er an Seckendorff, hätte "zur Unterhaltung der zwischen beiden Höfen obwaltenden engen Freundschaft anständiger" sein können.

Gesandter am Kaiserhof

Gotter war also mit Hilfe des Prinzen Eugen preußischer Gesandter am Kaiserhof geworden und erhielt als solcher jährlich 15.000 Gulden Gehalt. Außerdem wurde ihm erlaubt, die Angelegenheiten des Herzogs von Württemberg mitzubesorgen, was ihm zusätzliche Einkünfte brachte. 1733 konnte Gotter für Preußen das Fürstentum Stettin als Reichslehen empfangen, wobei er, wie immer bei solchen Anlässen, große Pracht entfaltete.

Im Jahre 1732, als Gotter in preußische Dienste trat, begannen sich die Beziehungen zwischen der Hofburg und König Friedrich Wilhelm I. merklich abzukühlen. Immer noch spielte die jülich-bergische Frage im Verhältnis der zwei deutschen Mächte die entscheidende Rolle. Sie war zugleich von internationaler Bedeutung. Deshalb zögerte der Kaiser, eine Entscheidung zu treffen. Sprach er sich gegen das Haus Pfalz-Sulzbach als einem der legitimen Erben des Hauses Pfalz-Neuburg aus, mußte er gewärtigen, daß sich die Pfälzer mit Frankreich verbünden und mit Waffengewalt gegen ihn vorgehen würden. Die Folgen für die "Pragmatische Sanktion" waren nicht auszudenken. So brachte auch ein Zusammentreffen von König Friedrich Wilhelm I. mit Karl VI. in Prag keine Lösung. Preußens Monarch hatte sich mit der Versicherung begnügen müssen, daß ihm der Kaiser in der Nachfolgeschaft von Jülich weiter gewogen bleibe. Die Richtung der preußischen Politik nach dem Treffen in Prag ist am deutlichsten aus der Instruktion für Gotter zu erkennen. In ihr wird es als vornehmste Aufgabe bezeichnet, daß das "gute Vernehmen, das zwischen dem kaiserlichen Hofe und Uns glücklich florierte, beständig unterhalten werden möchte". Zu diesem Zwecke solle sich der Gesandte vor allem an den Prinzen Eugen halten. Neue Spannungen entstanden, als man in diesem Jahre 1732 täglich den Tod des Kurfürsten von der Pfalz erwartete. Gotter wußte zu berichten, daß in der kurpfälzischen Residenz Mannheim höchste Erregung herrsche, weil angeblich in Prag mit dem Kaiser der Einmarsch preußischer Truppen in Berg vereinbart worden sei. Gegen diese Verlautbarungen erhob Prinz Eugen bei Gotter Einspruch und ließ sich versichern, daß Preußen ohne Zustimmung des Kaisers nichts unternehmen werde.

Die verworrene politische Lage

Die politische Lage und das Verhältnis der Großmächte zueinander waren in dieser Zeit sehr verworren. England hatte angestrebt, den preußischen Kronprinzen Friedrich entgegen der Absicht seines Vaters mit einer Tochter König Georgs II. zu verheiraten, um damit Einfluß auf die preußische Politik zu gewinnen. Als Österreich im Sinne Englands zu intervenieren versuchte, zeigte sich Friedrich Wilhelm I., der andere Heiratspläne verfolgte, äußerst empört. Sein Verhältnis zum Kaiser kühlte sich merklich ab. Die Heirat des Kronprinzen mit einer englischen Prinzessin kam nicht zustande.

Eine völlige Entfremdung zwischen den Höfen von Wien und Berlin trat ein, als 1733 nach dem Tode August des Starken, der als August II. zugleich König von Polen war, ein Nachfolger für den polnischen Thron gewählt werden mußte. Frankreichs Absicht war, dem früheren König Stanislaw Leszczynski, Schwiegervater Ludwigs XV., wieder zu seiner alten Würde zu verhelfen und damit Einfluß in Osteuropa zu gewinnen. Es stand damit gegen die Pläne von Rußland, Österreich und Preußen, die sich zumindest einen neutralen, wenn nicht freundschaftlich gesinnten Nachbarn wünschten. Augusts des Starken Sohn, der ebenfalls August hieß, kam für die drei Mächte zunächst nicht in Betracht, da keiner von ihnen an einem starken Sachsen-Polen gelegen war. Friedrich Wilhelm I. lehnte den Kurfürsten von Sachsen als Bewerber um den polnischen Thron besonders deshalb ab, weil dieser ältere und vererbte Ansprüche auf Jülich-Berg verfolgte. Man kam überein, bei der Königswahl einen portugiesischen Prinzen zu unterstützen.
Bald zeigte sich jedoch, daß Österreich die Abmachungen hintertrieb. Am 11.2.1733 meldete Gotter, daß der Wiener Hof zwar niemals Stanislaw auf den polnischen Thron gelangen lassen werde, wegen der anderen Kandidaten jedoch die Entscheidung der polnischen Magnaten abwarten wolle. Schon am 18. Februar berichtete er weiter, daß es für den Kaiser als am vorteilhaftesten erscheine, August von Sachsen bei der Königswahl zu unterstützen, falls dieser die "Pragmatische Sanktion" anerkenne. Gotter schlug vor, mit Nachdruck gegen den Bruch der gemeinsamen Absprache zu protestieren. Doch Friedrich Wilhelm I. konnte sich zu diesem Schritt nicht entschließen. Es war ihm klar geworden, daß sich der Kaiser aus beiderseitigem Interesse mit Sachsen verständigen würde. Es kam, wie es kommen mußte. Nach wochenlangem Hin und Her, bei dem auch Gotter beteiligt war, wurde Mitte Juli 1733 die Allianz zwischen Polen und Österreich geschlossen.

Ludwig XV. von Frankreich droht

Ludwig XV. von Frankreich hatte erklären lassen, er werde die Ausschließung seines Schwiegervaters von der Königswahl in Polen als eine Kriegsankündigung desjenigen Hofes betrachten, der sie ausspreche. So brachen denn auch sofort die Feindseligkeiten los, an denen sich Preußen auf Grund früherer Verträge mit einem Heer von 10.000 Mann im Kampf gegen Frankreich beteiligte. Gotters diplomatische Mission hatte nichts beitragen können, um den Beginn des Polnischen Thronfolgekrieges zu verhindern. Es ist geäußert worden, "Gotter hätte zu Seckendorffs Anhang gehört. In seinen Berichten zeigt sich jedoch nirgends, daß er dem Wiener Hof das Wort geredet habe, vielmehr hat er dort, nach seinen Relationen zu schließen, die Sache Preußens recht energisch vertreten."
Es wurde schon erwähnt, daß Gotter neben den Angelegenheiten des Königsreiches Preußen auch die Interessen des Herzogs von Württemberg am Kaiserhof vertreten hat. Das Dekret über seine Bestellung zum Gesandten wurde am 15.9.1732 ausgefertigt. Mit welchen Dienstgeschäften sich Gotter für das Herzogtum in Wien befassen mußte, geht aus seinen Berichten der Jahre 1732-1736 hervor. Von erheblichem Umfang ist in ihnen die Korrespondenz über die Auseinandersetzung zwischen dem Herzog Eberhard Ludwig und seiner Mätresse, der Gräfin von Würben geborene von Grävenitz. Diese Affäre zeichnet ein düsteres Bild von den sittenlosen Zuständen an einigen deutschen Fürstenhöfen im 18. Jahrhundert.

Die Affäre der Gräfin von Grävenitz

Christiane Wilhelmine von Grävenitz war durch Vermittlung ihres Bruders, eines herzoglichen Kammerjunkers, nach Stuttgart gekommen. Sie wurde die Mätresse des Herzogs und ihm heimlich angetraut, obwohl er verheiratet war. Es gelang

ihr, volle 20 Jahre unumschränkt über den Herzog und sein Land zu herrschen. Ihrem Anhang verschaffte sie die wichtigsten und einträglichsten Stellen. Um nicht neben der legitimen Herzogin in Stuttgart leben zu müssen, baute Eberhard Ludwig seiner Konkubine zuliebe Stadt und Schloß Ludwigsburg und erhob den Ort sogar zur zweiten Residenz. Erst als die Mätresse 50 Jahre alt und völlig reizlos geworden war, ließ sie der Herzog fallen und zeitweise sogar festsetzen. Nach längeren Verhandlungen kam es zu einem Vergleich, in dem der Mätresse 125.000 Gulden zugesprochen wurden. Sie mußte danach aber das Land verlassen.
Während dieser Auseinandersetzung trat Gotter in württembergische Dienste. Dort mußte er sich von Anbeginn mit der geschilderten Affäre befassen, weil sich die entmachtete Mätresse nach Wien begeben hatte, um zu ihren Gunsten zu intrigieren. Im Hauptstaatsarchiv Stuttgart befindet sich bei den Gesandtenberichten die kaiserliche Bestätigung zu dem erwähnten Vergleich.
Neben Meldungen über den Versand von Weinen an verschiedene Adelspersonen und der Mitteilung, daß Gotter einem Fräulein im Auftrag des Herzogs eine Tabaksdose ausgehändigt hat, ist erwähnenswert, daß einem Bericht vom 28.9.1732 aus Regensburg ein Verzeichnis seiner Gemälde beigefügt ist. Aus dem Brief geht hervor, daß Gotter zu der Vorlage aufgefordert worden war. Wahrscheinlich hatte Herzog Eberhard Ludwig die Absicht, Gotters Bilder zu erwerben. Dieser erwähnt nämlich, der kursächsische Minister Graf Brühl habe ihn wissen lassen, daß auch König August II. von Polen an den Gemälden interessiert sei. Zu einem Verkauf der Bilder ist es jedoch erst später gekommen.

SCHLOSS UND GUT MOLSDORF

Gotters heimlicher Wunsch geht in Erfüllung

Gotter hatte in den vierzig Jahren seines bisherigen Lebens mehr erreicht, als ein Mann seiner bürgerlichen Herkunft erwarten durfte. Er hatte Eingang in die vornehmsten und einflußreichsten Gesellschaftskreise gefunden, war mit Geld überschüttet und mit Orden geschmückt worden, hatte die Freuden des Lebens genossen, dabei aber auch ihre bittere Neige gekostet. Doch ein heimlicher Wunsch war ihm unerfüllt geblieben: so, wie einst sein Lieblingsdichter Horaz, ein Landgut zu besitzen und inmitten eines Gartens mit Quelle und Gehölz in beschaulicher Zurückgezogenheit zu leben. Da bot sich ihm 1733 die Gelegenheit, in seiner thüringischen Heimat das Rittergut Molsdorf zu erwerben, das nach dem Tod der bisherigen Besitzer lehenfrei geworden war.
Formey, der Gotter persönlich kannte, dürfte von ihm selbst die Gründe erfahren haben, die ihn zur Aufgabe seiner diplomatischen Tätigkeit bewegten. Er schrieb: "Die Abneigung von der Welt muß eine dem Menschen sehr natürliche Gemütseigenschaft sein, die desto heftiger wird, je besser man die Welt kennt und je mehr man sie genießt; denn von dieser Zeit konnte der Herr von Gotter nicht mehr widerstehen, und da es ihm nun vor einer allzu lärmenden Lebensart ekelte, so verlangte er seinen Rückruf so dringend, daß er ihn auch mit der Erlaubnis erhielt, sich auf sein Landgut Molsdorf begeben zu dürfen."

Zur Geschichte Molsdorfs

Molsdorf ist eine uralte Siedlung an der Gera, einem Flusse, der vom Thüringer Wald herabkommt und hier die flachen Gefilde des Gothaer Beckens verläßt, um zwischen sanften Hügeln weiter nach Erfurt und zur Unstrut zu fließen. Mollisdorf oder Mollesdorf wird der Ort in alten Urkunden genannt, was "Mühlendorf" bedeuten soll. Der älteste dieser schriftlichen Belege stammt aus dem Jahre 1114; in ihm wird ein Erminrich von Mollesdorf als Zeuge benannt. Doch schon wesentlich früher, um das Jahr 900, soll ein Ritter beauftragt worden sein, in Molsdorf zum Schutz gegen die von Osten immer wieder einfallenden slawischen Wenden eine Burg zu errichten. Diese Wasserburg wurde im Lauf der Jahrhunderte mehrmals zerstört, aber immer wieder aufgebaut. Nach wiederholtem Besitzerwechsel fiel das Bauwerk mit dem zugehörigen Rittergut 1733 an einen Prinzen des Hauses Sachsen-Gotha. Dieser verkaufte den Besitz am 13.1.1734 für 36.250 Taler an Gotter. Da er zu dieser Zeit in Wien weilte, wurde der Kaufvertrag von zwei Beauftragten abgeschlossen und unterzeichnet. Im September des gleichen Jahres erwarb Gotter für 16.000 Taler noch das Rittergut Altenhof bei Dietendorf, einem Nachbarort von Molsdorf. Bei Gelegenheit dieses Kaufes hat Gotter Molsdorf besucht, denn am 29. August 1734 haben er und "dero Frau Mama, die geheimbte Rath Gottern", die Reihe der Patenschaften Gotters in Molsdorf eröffnet.

Man kann verstehen, daß Gotter nach dem Erwerb des Rittergutes alles daransetzte, seine Träume von einem sorgenfreien Dasein in idyllischer Umgebung zu verwirklichen. Doch noch stand er in den Diensten König Friedrich Wilhelms I. von Preußen. Wir haben erfahren, wie wenig Erfolg diesem und mit ihm Gotter bei dem Spiel um die polnische Krone und die Herzogtümer Berg und Jülich vergönnt war. Im Krieg, der dem diplomatischen Geplänkel folgte, verließ den Prinzen Eugen sein Glück als Feldherr. Auch in Wien waren ihm die Fäden der Politik mehr und mehr aus der Hand geglitten. Obschon diese Ereignisse das vertraute Verhältnis zwischen Eugen und Gotter nicht beeinträchtigten und der Freundeskreis um sie durch den päpstlichen Nuntius Passionei und andere Diplomaten von Geist und Bildung bereichert worden war, werden die Beteiligten doch die für sie kühler gewordene politische Atmosphäre verspürt haben. Man darf vermuten, daß diese nachteilige Entwicklung Gotters Wunsch verstärkte, dem Getriebe der Welt den Rücken zu kehren. Einen Vorwand fand er leicht in seiner angegriffenen Gesundheit. Im August 1735 reiste er nach Berlin, wohl hauptsächlich, um sich von Friedrich Wilhelm I. Urlaub zu erbitten. Gotter hatte Erfolg. Nach fortgesetztem Drängen erlaubte ihm der König, sich nach Molsdorf zurückzuziehen. Daß Gotters Ansehen beim preußischen Herrscher hierdurch nichts einbüßte, geht daraus hervor, daß er mit Verordnung vom 6. März 1736 zum Gesandten und bevollmächtigten Minister beim obersächsischen Kreise ernannt wurde. Die Stellung war mit wenig Arbeit, wohl aber mit einem beträchtlichen Gehalt verbunden. Am 9. März traf bereits Gotters Nachfolger Brand in Wien ein, derselbe, den er 1732 dort abgelöst hatte. Kurz nach Gotters Abreise aus Wien endete in der Nacht vom 20. zum 21. April 1736 das Leben seines väterlichen Freundes, des Prinzen Eugen. Zwei Jahre später schied auch Gotters anderer Freund, der päpstliche Nuntius Passionei, aus Wien. Er erhielt einen wichtigen Posten beim Vatikan und wurde bald darauf zum Kardinal ernannt.

Gotter darf sich nach Molsdorf zurückziehen

Es gab nun nichts mehr, das Gotter mit Wien verband. Sein Dienstverhältnis beim preußischen König bestand jedoch fort. So finden wir 1738 seinen Namen in der Liste der Geheimen Staats- und Kriegsminister an 11. Stelle mit dem Zusatz "gevollmächtiger Minister im Ober- und Niedersächsischen Creyse".

Mit der Beurlaubung aus preußischen Diensten endete zugleich Gotters Tätigkeit für das Herzogtum Württemberg, wo Herzog Karl Alexander 1733 die Regierung übernommen hatte. Vor der Abreise nach Molsdorf gelang es Gotter, dem Herzog für 24.000 Gulden 411 Bilder seiner Gemäldesammlung zu verkaufen. Auch nach seinem Ausscheiden als Gesandter blieb Gotter dem Herzogtum Württemberg eng verbunden. Um ihm neben seinen Dienstbezügen weitere Einnahmen zu verschaffen, wurde er ab 1734 mit Dekret vom 31.3.1735 zum Obervogt des Amtes Urach und später auch noch von Nürtingen (1744-1755), Neuffen (1748) und Pfullingen (1748) ernannt.

Bei seinen Reisen hatte Gotter die verschiedensten Schloßanlagen der damaligen Zeit kennengelernt. Als er sich anschickte, die mittelalterliche Wasserburg Molsdorf nach seinen Vorstellungen umgestalten zu lassen, war der Höhepunkt des Barocks mit seinen riesigen Prachtbauten überschritten. Nach dem Tode Ludwigs XIV. übernahm der Herzog von Orleans die Regentschaft für den minderjährigen Thronfolger Ludwig XV. In dieser Zeit entwickelte sich ein Baustil, der die pompösen Formen ablöste und sich dem Zwanglosen und Bewohnbaren zuwandte. Die Eremitage in Bayreuth, Schloß Amalienburg in München und vor allem Sanssouci bei Potsdam sind hierfür Zeugen, denen sich Schloß Molsdorf bescheiden zugesellt.

Aufwendige Umbauten in Molsdorf

Im Marmorsaal des Schlosses befindet sich noch heute ein Gemälde, das die Wasserburg Molsdorf in ihrem früheren Zustande zeigt. Bereits 1734 wurden der Südflügel und die anstoßenden Teile des Ost- und Westflügel abgerissen und mit höheren Zimmern neu gebaut. Der Umbau war 1738 im wesentlichen abgeschlossen, denn die Überschrift über dem Nordportal trägt diese Jahreszahl. Der Grundriß des Schlosses ist ein Rechteck, das infolge des Umbaus an den Seiten leicht geknickt ist. Es mißt an der Westseite 31,7 m und an der Ostseite 33,0 m. Diese Seiten wie auch die dem Gutshof zugekehrte Nordseite sind schmucklos. Lediglich letztere erhielt beim Umbau ein mit Ornamenten verziertes Portal. Gotter war ein glühender Verehrer des römischen Dichters Horaz, dessen Lebensregeln er zu folgen trachtete. Denksprüche aus seinen Werken zieren die Hauptfronten des Gebäudes. Über dem Portal der Nordseite steht unter dem Gotterschen Wappen: "Hicce terrarum praeter omnes angelus ridet. Gustavus Adolphus S.R.I.C. de Gotter. Anno rep.Sal. 1738" (Vor allen gefällt mir dieser Erdenwinkel). - Unter den zwei Sonnenuhren der Gartenfront steht links: "Fugaces labuntur anni" (Flüchtig enteilen die Jahre) und rechts: "Hora rapit diem" (Die Stunde raubt den Tag). Andere Sprüche, die an den Türmen der Nordseite sowie unter dem Wappen der Südseite angebracht waren, sind nicht mehr vorhanden.

Das Gottersche Wappen ist viergeteilt. Es zeigt links oben und rechts unten einen goldenen Sparren auf blauem Grunde, rechts oben und links unten zwei voneinander abgewendete, goldene Mondsicheln und über ihnen drei Sterne, links und rechts daneben je einen und darunter noch einen, also insgesamt sechs goldene Sterne auf schwarzem Grunde. Über dem Wappen schwebt die fünfperlige Grafenkrone. Das Wappen, das die Südseite des Schlosses krönt, ist zusätzlich mit einem weißen Herzschild belegt, in welchem sich der preußische Adler befindet. Es wurde Gotter verliehen, als ihn König Friedrich II. 1740 zum Grafen erhob.

Baumeister Gottfried Heinrich Krohne

Für die Gestaltung der Innenräume wie auch der Gartenfront hatte Gotter den weimarischen Baumeister Gottfried Heinrich Krohne gewonnen, der neben anderen Bauwerken die Orangerie in Gotha und das Schloß Belvedere in Weimar geschaffen hat. Die Gartenseite des Molsdorfer Schlosses trägt "ganz Krohnesche Züge". Die langen Fensterreihen sind durch Nischen und Statuen aufgelockert. Der mittlere Teil der dreigliedrigen Fassade wird durch einen Balkon im oberen Geschoß und die etwas niedrigeren Seitenteile geschickt hervorgehoben. In den Nischen des Obergeschoßes der Seitenteile steht je eine Frauenge-

stalt, in denen des Erdgeschoßes eine steinerne Urne. Der Adler auf ihrem Deckel hält das Gottersche Wappen. Auf dem Postament sind die Anfangsbuchstaben von Gotters Namen (2 G, davon eines spiegelverkehrt, und 1 V ineinander verschlungen) wiedergeben.
Das Innere des Schlosses "ist im Rokoko gehalten, ebenfalls in der deutschen, ungleichmäßigen Weise, bei welcher manche köstliche Compositionen und Zeugnisse uns anziehen, wie andererseits...plumpe Ausführungen (z.B. Anstrich als Ersatz für Marmor) der leichten Feinheit und Zartheit, welche der Stil verlangte, Eintrag tun."

in "Bau- und Kunstdenkmäler Thüringens"

Von der ehemaligen Ausstattung der Räume sind 1825 die wertvollsten Möbel, Bilder, Gläser usw. nach Gotha gebracht worden. Andere Stücke gingen beim häufigen Wechsel der späteren Besitzer und in den Wirren nach dem letzten Krieg verloren. Was übrig blieb, ist durch Bestände aus anderen Schlössern und Museen ergänzt worden, so daß der Besucher doch einen der Entstehungszeit des Schlosses entsprechenden Eindruck erhält.

Das Becken mit dem Weinhahn

Der Eingang vom Garten her führte in die Mitte des weißen Flurs mit seiner reichen Stuckverzierung. Dort befand sich das Becken mit dem Weinhahn, von dem eine Leitung in den Keller führte. Ein Druckwerk bewirkte, daß beim Öffnen des Hahns ein köstlicher Trank herausfloß, an dem sich ankommende Gäste sofort nach ihrem Eintreffen laben konnten. Vielleicht wurde der Wein in dem reich verzierten, 23 cm hohen Glaspokal kredenzt, der aus jenen Tagen überkommen ist. Er befindet sich heute in den Kunstsammlungen der Veste Coburg (Abbildung). Auf den Bruchstücken eines zugehörigen Deckels stehen die Buchstaben "G.A.F.V.G." d.h. Gustav Adolph Freiherr von Gotter und die Jahreszahl "Anno MDCCXXXV" (1735). Die in das Glas geschnittene Beschriftung und das eingeschliffene Dekor bezeugen den Stolz des Besitzers über das im Vorjahr erworbene Rittergut Molsdorf. Die eine Seite des Pokals trägt das Gottersche Wappen, umgeben von der Kette des Schwarzen Adlerordens. Auf der anderen Seite ist ein fliegender Adler abgebildet, der mit Schnabel und Fängen ein Band hält, auf dem die Worte "Vivere et laetari" (Leben und sich freuen) stehen. Über dem Adler ist der folgende Spruch eingeschnitten:"Wer dieses Glaß gestifft, will daß es allzeit voll und zwar auf Molsdorffs glück, getruncken werden soll." Die Umschrift auf der Fußplatte lautet in fortlaufender Zeile: "Wer auch zum andern mahl befiehlt es einzuschencken, Der woll auf das WAS SCHÖN, UND NIEDLICH IST gedencken".
Dieses Prunkstück handwerklicher Kunst läßt ahnen, mit welchem Überfluß an kostbaren Gerätschaften Gotters Schloß ausgestattet gewesen sein muß. Zu ebener Erde rechts liegt das "Tänzerinnenzimmer", so genannt, weil hier zu Gotters Zeiten die Bilder von Künstlerinnen aus der Welt des Theaters hingen, die er von seiner Tätigkeit als Direktor der Berliner Oper kannte. Bemerkenswert war vor allem das lebensgroße Bildnis der Tänzerin Barbara Campanini, genannte Barbarina. Das Meisterwerk des preußischen Hofmalers Antoine Pesne befindet sich heute ebenfalls in Coburg. Der Barbarina wurde fälschlicherweise ein intimes Verhältnis zu Friedrich dem Großen nachgesagt. Dem Tänzerinnenzimmer gegenüber lag das Badezimmer. Seine Bilder zeigte die lüsterne Sinnlichkeit des Schloßherrn.

Das Bildnis der Barabarina

Die Bilder verschwanden, als sittenstrenge Nachfolger das Schloß bezogen. Hier stand auch bis in unser Jahrhundert der Rollstuhl mit der Schiebedeichsel, in dem sich der kranke Gotter während der letzten Jahre seines Molsdorfer Aufenthaltes durch den Park fahren ließ.

Durch den Eingang an der Westseite des Schlosses gelangt der Besucher zu einer breiten Treppe, die ihn zu den Schauräumen des Obergeschoßes führt. Originale Treppenwangen und ein sorgfältig restauriertes Deckengemälde stimmen ihn schon hier auf das Fluidum ein, das ihm bei seinem Rundgang überall entgegenwehen wird. Auf der Diele im oberen Stockwerk begrüßt ihn von der Wand das lebensgroße Bild eines Schweizermädchens. Es tritt aus einer Glastür, die auf einen Garten weist, und reicht dem Betrachter über ein zierliches Geländer eine Mohrrübe hin. Über die Entstehung dieses Bildes, das "Fleurette mit der Rübe" genannt wird, gibt es eine hübsche Geschichte. Ein achtzigjähriger Mann, der früher bei Gotter als Jäger im Dienst stand, soll sich noch 1810 dieses Mädchens genau erinnert haben. Der Alte trug beim sonntäglichen Kirchgang auch damals noch die gräfliche Livree, einen grünen Rock mit silberumfaßten, roten Ärmelaufschlägen und ebensolchem Kragen. Seine braunen Gamaschen reichten über die Knie, und auf dem weißen Haupthaar saß ein kleiner Dreispitz mit silbernen Bordüren. Er erzählte, Gotter habe das hübsche Mädchen aus Wien nach Molsdorf kommen und sie seiner Wirtschafterin zur Beihilfe zuteilen lassen. Gotter sei bald darauf verreist und erst nach längerer Zeit unerwartet zurückgekehrt. Als das Mädchen seinen Wagen heranfahren sah, sprang sie mit einer Rübe in der Hand aus dem Küchengarten herbei und trat dem Ankömmling mit einem treuherzigen "Grüß Gott!" entgegen. Gotter fragte, wie es ihr während seiner Abwesenheit ergangen sei und ob sie sich gut unterhalten hätte. "Langweilig, sehr langweilig!" erwiderte sie lachend. "Vor den toten Bildern im einsamen Schlosse hat es mir immer gegruselt." Die Antwort hat Gotter so gefallen, daß er die anmutige Szene von dem Erfurter Maler Jakob Samuel Beck im Bild festhalten ließ. Der alte Mann erzählte weiter, daß Gotter das Mädchen zur Beschließerin seines Weinkellers bestimmt und für sie dort eine Wendeltreppe in sein Schlafzimmer habe bauen lassen. Sie konnte ihm so, von anderen unbemerkt, den Morgentrunk kredenzen. Später soll Gotter sie an der Hand seines Kammerdieners in den Hafen der Ehe bugsiert haben.

Gotters Pläne mit dem Rittergut Altenhof

Es wurde schon erwähnt, daß Gotter kurz nach dem Erwerb von Molsdorf auch das Rittergut Altenhof bei Dietendorf kaufte. Mit diesem Besitz verband er hochfliegende Pläne. Er gründete dort eine Woll- und Tuchfabrik, von der er sich hohe Gewinne versprach. Längs des Flüßchens Apfelstädt ließ er eine Reihe Häuser bauen. Sie waren als Wohnung für zwanzig bis dreißig Weberfamilien gedacht, die Gotter aus dem Ausland herbeirief. Die Siedlung wurde Neudietendorf genannt; im Volksmunde aber hieß sie nur "Neu-Gottern". Das Werk nahm 1736 mit 16 Webstühlen die Arbeit auf. Nach einem Jahr zählte der Ort schon 300 Einwohner. Doch das Unternehmen gedieh nicht. Die meisten der ausländischen Arbeiter zogen wieder fort und ließen ihre Häuser leer zurück.

Gotter beabsichtigte, seine Besitzungen Molsdorf und Altenhof auf geradem Weg durch eine Allee zu verbinden. Er konnte seinen Plan jedoch nicht verwirklichen. Die Eigentümer der Grundstücke, über welche die Straße führen sollte, weigerten sich nämlich hartnäckig, ihr Land herzugeben. Gotter ließ die Allee trotzdem bis zur Grenze seines Grundbesitzes auf dem Habichtstein anlegen und dort eine Bank aufstellen. Zu ihr ritt oder fuhr er oft mit einem Gefolge von Läufern und Jägern, nicht nur, um die schöne Aussicht auf die Drei Gleichen bis hin zum Thüringer Wald zu genießen, sondern auch, um sich den feindlich gesinnten Nachbarn als Gerichtsherr zu präsentieren. Eine der damals gepflanzten Linden beherrschte bis in unser Jahrhundert die Höhe des Habichtsteins. Sie wurde nur "die Linde des Grafen Gotter" genannt.

Der Ausbau des Molsdorfer Schlosses hatte viel Geld verschlungen; man sprach von 200.000 Taler. So bedeutend Gotters Einkünfte aus den Pensionen für seine frühere Tätigkeit als Diplomat und die Pachtgelder für das Gut auch waren, sie reichten nicht aus, auf Dauer sein verschwenderisches Leben zu finanzieren. Er begann, sich Geld zu leihen und dafür die Güter zu verpfänden. In allen Fällen gab der Herzog von Gotha als Lehnsherr seine Zustimmung.

ZWISCHENSPIEL AM BERLINER HOF

Friedrich Wilhelm I. von Preußen stirbt im Mai 1740

Gotter hatte vier Jahre lang, fern allem politischen Hader, seinen vielseitigen, privaten Wünschen nachgehen können, als am 31. Mai 1740 König Friedrich Wilhelm I. von Preußen starb und sein achtundzwanzigjähriger Sohn als Friedrich II. den Thron bestieg. Gotter war für ihn kein Unbekannter. Die Männer hatten sich 1732 in Ruppin getroffen, wohin der Kronprinz als Regimentskommandeur versetzt worden war, nachdem er sich mit seinem Vater nach der 1730 mißglückten Flucht ausgesöhnt hatte. In einem Brief an den Minister Grumbkow machte sich Friedrich damals über Gotters törichte Reden lustig. Dieser hatte dem Kronprinzen Porzellan besorgt und 1737 sogar einen Zuckerbäcker vermittelt. Von seinem langjährigen Berater und Brieffreund, dem Grafen Manteuffel, wird der Thronfolger manches über die Person und den Charakter Gotters erfahren haben. So schrieb z.B. Manteuffel dem kursächsischen Minister Graf von Brühl: "Da er (Gotter) ...sehr lebhaft, eitel und lustig ist, dabei sehr viel spricht, da er mehr Witz als scharfes Urtheil hat, so geschieht es ihm oft, daß er aus Übereilung thut und redet, was er einen Augenblick später bereut: er geht dann entweder mit Frechheit weiter oder sucht durch Witz sich aus der Verlegenheit zu ziehen. Er hat viel Welt, große Belesenheit, ein glückliches Gedächtniß und einen nie versiegenden Strom der Rede, er weiß über alles Mögliche zu sprechen, Wissenschaft, Politik, Religion, allein da seine Gelehrsamkeit, wie man bald bemerkt, nur auf der Oberfläche verweilt, so geht er flüchtig über alles hinweg, springt von einem Gegenstand zum anderen, indem er die Verbindung oft nur durch lächerliche »polissoneries« (Gassenwitze, Zoten) herbeiführt: einen Mann von besonderem Urtheil ermüdet er daher bald... Obwohl er den Aufwand liebt, gern mit beiden Händen spendet, verschmäht er doch einen kleinen Gewinn nicht. Er nimmt gern Geschenke an, zumal wenn sie ihm von einem Höhergestellten gespendet werden, und was an ihm zu rühmen ist, er bezeigt Dankbarkeit, wenn sich ihm die Gelegenheit bietet. Mit einem Worte, er ist ein Original, selten in seiner Art, den ein Mann von Verstand und Besonnenheit sehr gut benutzen kann, wenn er sich die Mühe nimmt, ihn für sich zu gewinnen."

Rückkehr in den preußischen Staatsdienst

Friedrich II. machte sich diese Mühe: er rief Gotter in den aktiven Staatsdienst zurück. Dieser folgte dem Ruf mehr aus Gehorsam, als aus Neigung. Im Herbst 1740 traf er in Berlin ein, wo ihn mannigfache Ehren erwarteten. Friedrich II. erneuerte die von seinem Vater früher ausgesprochene Ernennung zum Geheimen Staats- und Kriegsrat und fügte die zum Oberhofmarschall hinzu, denn Gotter verstand es, wie bereits erwähnt, "Feste anzuordnen". Aus Wien traf außerdem das am 5. Oktober 1740 ausgefertigte Diplom über die Verleihung der Reichsgrafenwürde ein. Es sollte das letzte sein, das Kaiser Karl VI. ausfertigen ließ, denn er starb am 20. Oktober 1740, nachdem ihn am Vortage bei der Jagd ein leichtes Unwohlsein befallen hatte. Gotter reiste sofort nach Wien, um der

Thronfolgerin Maria Theresia die Glückwünsche Friedrich II. zur Thronbesteigung zu übermitteln.
Seltsam mutet es an, daß Gotter kurze Zeit später, nämlich am 29. Oktober 1740, nach dem Titel eines Reichsgrafen noch den eines preußischen Grafen erhielt. Graf Manteuffel schrieb hierüber im Jahre 1740 an den Grafen Brühl, Gotter sei nach eigener Angabe schon neun Jahre früher vom Kaiser gegraft worden, habe aber davon keinen Gebrauch gemacht. Als er nun Friedrich II. bat, der Annahme des vom Kaiser verliehenen Titels zuzustimmen, habe jener brieflich geantwortet (Übersetzung aus dem Französischen): "Wenn Sie auf die Würde eines Grafen begierig sind, kann ich selbst sie Ihnen verleihen, und sie kostet Sie nicht mehr als tausend Taler." Die Titel waren also käuflich, wie hier erneut bestätigt wird. Gotter scheint auf die Reichsgrafenwürde verzichtet zu haben, denn er führte später in seinem Wappen den preußischen Adler.

Der Tod Kaiser Karls VI.

Der Tod Kaiser Karls VI. änderte die politische Lage in Deutschland von Grund auf. Das mühevoll aufgerichtete und mit schweren Opfern für das Reich (Verlust Lothringens) herbeigeführte Vertragswerk, die "Pragmatische Sanktion", wurde wieder in Frage gestellt. Frankreich, das mit dem dehnbaren Vorbehalt "unbeschadet der Rechte eines Dritten" zugestimmt hatte, förderte plötzlich die Ansprüche Spaniens und die des Kurfürsten von Bayern auf die österreichischen Erblande und den deutschen Kaisersthron. Diese gegen das Haus Habsburg gerichteten Interessen trafen sich mit denen Preußens. Friedrich II. sah die willkommene Gelegenheit, sich in den Besitz einiger schlesischer Fürstentümer zu bringen, auf die seine Vorfahren schon im 16. Jahrhundert Anspruch erhoben hatten. Mit den vertrautesten seiner Staatsdiener, dem Minister Podewils und dem Feldmarschall von Schwerin, besprach er das Für und Wider eines sofortigen Vordringens nach Schlesien. Als sie seiner Absicht zustimmten, gab er den Befehl zur Vorbereitung des Einmarschs. Zugleich aber beschloß er, den Waffengang mit diplomatischen Mitteln zu begleiten. Er wollte der Thronfolgerin Maria Theresia anbieten, sie beim Kampf um die Anerkennung der "Pragmatischen Sanktion" militärisch und finanziell zu unterstützen, falls sie seine Gebietsansprüche anerkenne. Zu den Verhandlungen hatte der König einen Mann ausersehen, der mit den Verhältnissen in Wien von Grund auf vertraut war: den Oberhofmarschall von Gotter.
Friedrich II. hatte das diplomatische Korps von Berlin über seine Absichten gegen Schlesien lange im unklaren gelassen. Aber die Truppenbewegungen konnten nicht verborgen bleiben. Die ersten Nachrichten hierüber liefen am 5. Dezember in Wien ein. Man schenkte ihnen zunächst keinen Glauben. Als jedoch am 14. Dezember 1740 ein Eilbote den Bericht des österreichischen Gesandten aus Berlin brachte, der die Forderungen Friedrichs II. erläuterte, fielen die letzten Zweifel. Am 16. Dezember überschritten die preußischen Truppen die Grenze nach Schlesien.

Einmarsch der Preußen in Schlesien

Friedrich II. hatte Gotter die besondere Mission in Wien auch deshalb übertragen, weil er dem dortigen Geschäftsträger Borcke nicht voll vertraute. Der Graf verließ Berlin am 9. Dezember 1740, traf jedoch erst am 17. Dezember in Wien ein. Seine vorsätzlich lange Reise hatte es Friedrich II. ermöglicht, inzwischen in Schlesien einzurücken. Gotter war gesandt um zu drohen. In seinen Weisungen wurde vor allem auf das vertragswidrige Verhalten Österreichs in den letzten zwölf Jahren hingewiesen. Schon am 18. Dezember erhielt Gotter eine Audienz beim Großherzog Franz, dem Gemahl der Kaisertocher Maria Theresia. Mit herrischer Stimme trug er diesem den preußischen Standpunkt vor, stieß aber auf erstaunliche Festigkeit. Über das Ergebnis der Besprechung berichteten die preußischen Gesandten nach Berlin. Am Neujahrsabend 1740 traf der Kurier mit der Antwort König Friedrichs ein. Gotter, der sich nach Baden bei Wien begeben hatte, wo er angeblich die Heilquellen benutzen wollte, kehrte sofort nach Wien zurück. Am Neujahrstage 1741 fand eine zweite Besprechung mit dem Erzherzog Franz statt. In dem erregten Gespräche zeigte Gotter diesem den Brief Friedrichs II., in dem zu lesen stand: "Wenn der Großherzog sich verderben will, trotz meiner guten Absichten, so verderbe er sich." Franz war hiervon sichtlich beeindruckt. Doch die Haltung Maria Theresias und ihrer maßgebenden Minister blieb unverändert hart. Das preußische Unternehmen wurde so einmütig verworfen, daß die selbstsichere Stimmung des Wiener Hofes sogar die zwei preußischen Gesandten ergriff. In vertraulichen Gesprächen bezeichnete Gotter seinen König als einen Mann, der von Ehrsucht und der Liebe zu Geld getrieben werde. Er pries sich glücklich, daß er zu dem schlesischen Unternehmen nichts beigetragen habe.

Die unnachgiebige Haltung Maria Theresias

Die weiteren Verhandlungen Gotters in Wien blieben ohne Erfolg. Der 1. Schlesische Krieg nahm seinen Lauf. Wie hätte die Hofburg den dreisten Übergriff Friedrichs II. auch kampflos hinnehmen können, ohne das Gesicht zu verlieren. Als die Kunde von der Kapitulation Breslaus in Wien eintraf, wurden die preußischen Gesandten angewiesen, binnen 48 Stunden abzureisen. Gotter langte am 18.1.1741 bei den Vorposten des Feldmarschalls Schwerin in Oberschlesien an. Im Februar war er wieder in Berlin.

Bezeichnend für Gotters Einstellung, aus jeder sich bietenden Gelegenheit Gewinn zu schlagen, ist sein Schreiben an Friedrich II., daß die ihm zur Verfügung gestellten Geldmittel nicht ausreichend seien. Doch der König war nicht so willfährig wie einst Herzog Friedrich II. von Gotha. Er antwortete Gotter, daß er ihn von seiner Aufgabe gern entbinden wolle. Ihm stünden genug andere Personen zur Verfügung, die es als eine Ehre ansehen würden, ihm zu dienen. Eine weitere Zurechtweisung holte sich Gotter im Herbst desselben Jahres 1741, als er sich aus Frankreich kostbare Kleiderstoffe kommen ließ und für sie um Befreiung vom Zoll nachsuchte. Er erhielt die Antwort, daß man keine Ausnahmen vom Gesetz machen könne und er besser daran getan hätte, die Stoffe im Inland zu kaufen.

Trotz der Pflichten in Berlin ließ Gotter die Sorge um die Besitzungen Molsdorf und Altenhof nicht los. Im April 1741 erlaubte ihm König Friedrich II., nach Thüringen zu reisen, um seine Schulden zu regeln. Anscheinend trug sich Gotter damals mit dem Gedanken, die Güter zu verkaufen. Er hatte ihren Wert einschließlich aller Nutzungsrechte veranschlagen lassen. Im Juni 1741 bot Gotter beide Besitzungen für 50.000 Taler dem Landesherrn Herzog Friedrich III. zum Kauf an, wovon 26.000 Taler in bar und 1.200 Taler als jährliche Rente entrichtet werden sollten. Falls jedoch der Herzog den Kauf ablehnen sollte, bat Gotter, das bisher männliche Lehen in ein Erblehen umzuwandeln. Diesem Antrag wurde stattgegeben. Im Oktober 1741 kehrte Gotter nach Berlin zurück, ohne einen Taler Bargeld erhalten zu haben.

Gotter muß Altenhof verkaufen

Die Geldnot des Grafen wurde erst behoben, als er das Gut Altenhof in Dietendorf veräußern konnte. Von einem Gastwirt aus Mechterstädt, einem Ort zwischen Gotha und Eisenach, hatte Gotter gehört, daß Anhänger der Herrnhuter Brüdergemeine einen Ort auf dem Lande suchten, wo sie ungestört nach ihrem Glauben leben könnten. Der Graf setzte sich mit den Interessenten sofort in Verbindung. Über den Kaufpreis des Gutes war man sich schnell einig, nicht jedoch

über die sonstigen Bedingungen beim Besitzwechsel. Gotter wollte sich verschiedene, mit dem Lehen verbundene Rechte vorbehalten, wie die Rechtssprechung, die Jagd und die Tranksteuer. Darauf ging der Unterhändler der Brüdergemeine nicht ein. Als er seinen Oberen von den aufgetretenen Schwierigkeiten berichtete, erhielt er den Auftrag, Gotter gehörig zu traktieren. Dem Grafen fiel es schwer, auf seine Vorbehalte zu verzichten. Doch die Geldnot verdrängte schließlich die Gefühlsregungen, die Gotter mit dem Gut verbanden. Er erklärte sich bereit, Gut Altenhof mit allen Rechten für 20.000 Taler zu verkaufen. Wegen seiner Eigenschaft als Lehen durfte das Gut allerdings nur von einer Standesperson erworben werden. Man fand diese in einem Grafen, der selbst der Brüdergemeine angehörte und einverstanden war, als "Strohmann" vorgeschoben zu werden.
Zur beschleunigten Abwicklung des Verkaufs von Altenhof und der Erteilung der landesherrlichen Zustimmung durch den Herzog von Gotha haben sicher zwei Briefe Friedrichs II. zugunsten seines Oberhofmarschalls beigetragen. Am 12. November 1743 konnte Gotter über den gesamten Kaufpreis und 280 Reichstaler Zinsen quittieren. Den Herrnhutern blieb es jedoch zunächst verwehrt, ihr Gemeinwesen zu gründen. Das Vorhaben scheiterte an der Halsstarrigkeit des Hofpredigers in Gotha, der im Herzogtum keine Sekten dulden wollte. Erst nach seinem Tode im Jahre 1745 erhielten die Brüder die Erlaubnis, sich in Dietendorf niederzulassen.
Im Lauf dieser Jahre strebte Gotter an, die Wirtschaftlichkeit des Molsdorfer Gutes zu verbessern. So erwarb er 20 Acker Wiesen und tauschte Zinsansprüche in entfernt liegenden Dörfern mit solchen in dem benachbarten Ichtershausen. 1743 ließ er in Molsdorf einen neuen Gasthof bauen, für dessen Konzession er jährlich 15 Gulden zahlen mußte. Später wurde ihm genehmigt, Bier zu brauen, zu verzapfen und auswärts zu vertreiben. Ferner erhielt Gotter 1743 die Anwartschaft auf das Lehngut der Herren von der Sachsen, des zweiten Feudalbesitzes in Molsdorf, deren Manneslinie vor dem Absterben stand. Der Graf beabsichtigte, nach ihrem Abgang die zwei Güter unter sich zu vereinigen. Bis 1744 ließ Gotter 13 Häuser bauen, die er Leuten zur Verfügung stellte, die in seinem Dienst standen. Sie hießen Freihäuser, weil ihre Bewohner an den Gutsherrn lediglich die Miete zu zahlen hatten, sonst aber von allen anderen Abgaben befreit waren. Die Überlieferung berichtet, daß Gotter diesen Arbeitern auch Frauen beschaffte, die er vollständig ausstattete.

Gotters Pflichten als Oberhofmarschall

Die wiederholten Aufenthalte Gotters in Molsdorf und die dadurch bedingte Abwesenheit von Berlin waren nur möglich, weil König Friedrich II. bis in den Juli des Jahres 1742 meistens bei seinen Truppen in Schlesien weilte. Gotters Pflichten als Oberhofmarschall erschöpften sich mehr oder weniger in nichtigen Kleinigkeiten. So empfing er 1741 drei minderjährige württembergische Prinzen und stellte sie dem König und der Königin vor. Mit diesem Besuch hatte es folgende Bewandtnis: Die protestantischen Landstände von Württemberg befürchteten, daß sich die katholischen Großmächte Frankreich und Österreich in die Erziehung der Prinzen einmischen könnten. Die Bedenken waren durchaus berechtigt, war doch der 1737 verstorbene Vater der Prinzen, Herzog Karl Alexander, in seiner Jugend katholisch geworden und gehörte auch die Mutter, Maria Augusta von Thurn und Taxis, dieser Kirche an und unterstützte deren Partei. Die fürstlichen Sprößlinge, unter ihnen der spätere Herzog Karl Eugen, sollten aus all diesen Gründen an einem protestantischen Hof erzogen werden. Die Wahl fiel auf Berlin. König Friedrich II. stimmte gern zu, sah er darin doch eine Gelegenheit, in Süddeutschland Einfluß zu gewinnen. Er beauftragte Gotter und den Baron von Marschall, die Prinzen zu erziehen. Ihrer Mutter, der Herzoginwitwe, gelang es allerdings bald, dem künftigen Herzog Karl Eugen den Verbleib am preußischen Hof zu verleiden. Ehe die Prinzen nach Stuttgart zurückkehrten, glaubte König Friedrich II., Karl Eugen mit einem klugen Schachzug in Zukunft für sich verpflichten zu können. Er stellte diesem nämlich ein sehr gutes Zeugnis aus und schlug dem Kaiser vor, ihn wegen angeblich hervorragender charakterlicher Eigenschaften für volljährig zu erklären, obwohl er noch keine 16 Jahre alt war. Das geschah denn auch im Januar 1744, so daß Karl Eugen bereits im März die Regierung übernehmen konnte. König Friedrich II. hat jedoch aus dem Berliner Aufenthalt der Prinzen nicht den erhofften Nutzen ziehen können, wohl aber Gotter, der dadurch seine guten Beziehungen zu Württemberg festigte.

Friedrich II. und die Musen

Friedrich II. hatte bald nach seinem Regierungsantritt erste Maßnahmen für den Bau eines Opernhauses ergriffen. Anders als sein Vater huldigte er den schönen Künsten, spielte virtuos Flöte und ging als Schriftsteller in die Annalen der französischen Literatur ein. Von Jugend an mit den französischen Klassikern und den Werken italienischer Komponisten vertraut, wollte er sich und den Einwohnern von Berlin eine Stätte musischer Erbauung schaffen. Ende 1740 berichtete die Vossische Zeitung vom bevorstehenden Abriß einiger Häuser gegenüber dem Schloß, und in einem Schreiben wird der Schriftsteller Voltaire beauftragt, in Paris einen Schauspieler und seine Truppe nach Berlin zu verpflichten. Im Spätjahr 1742 war es so weit, daß die Oper "Cäsar und Cleopatra" des preußischen Hofkapellmeisters Graun aufgeführt werden konnte. Am 26. November ließ die Polizei an den Straßenecken ein Mandat anschlagen, worin allen Leuten, besonders aber den Dienern der Herrschaften verboten wurde, sich wegen Feuergefahr mit brennenden Fackeln oder Kohlewärmeöfchen dem Opernhaus zu nähern oder es zu betreten. Nach den üblichen Strafandrohungen folgte die Angabe des Königl. Preuß. Hof-Marschall-Amtes als zuständige Stelle und der Name ihres Leiters "Gustav Adolph Graf von Gotter".

Eröffnung der Oper

Da war Gotter also in seiner Eigenschaft als Oberhofmarschall an die Öffentlichkeit getreten. Bei der Vorstellung am 7. Dezember fungierte er in diesem Amt sogar vor dem Publikum. Als Oberhofmarschall war er zugleich Intendant der Oper. Er stand hinter dem Stuhl des Königs und wartete, bis dieser sich gesetzt hatte. Nun gab er dem Kapellmeister Graun, der mit einer weißen Allongeperücke und einem roten Mantel prächtig angetan war, das Zeichen zur Ouvertüre.
Im Theatervölkchen geschahen damals, wie auch heute noch, die sattsam bekannten Rangeleien vor und hinter den Kulissen. So mußte im August 1743 ein Ballettmeister entlassen werden, weil er sich dem Willen des Königs widersetzt und die Tänzer drangsaliert hatte. In der Spenerschen Zeitung vom 22. August stand dazu zu lesen: "Dieser Tage sind der Herr Graf von Gotter und der Herr Baron von Schwertz, Directores der Opera, genöthigt gewesen, den Ballettmeister Herrn Poitier, welcher sich einer recht übermäßigen Botmäßigkeit über die Tänzer anmaßte, und dessen Hochmuth sich soweit verging, daß er gegen besagte Directores tausend Insolentien verübte, fortzujagen." Der König beauftragte Gotter schriftlich, beim Ballettpersonal wieder für Ordnung zu sorgen.
Friedrich II. scheute keine Ausgaben, seiner Residenz Berlin und ihrer Oper strahlenden Glanz zu verleihen. Er verpflichtete die besten Künstler und zahlte ihnen hohe Gagen. Bis in unsere Zeit bekanntgeblieben sind die Begebenheiten um die schöne Tänzerin Barbara Campanini, genannt Barbarina, weil Friedrich II. in die Affäre persönlich verwickelt war. Die Italienerin hatte sich während

Die Tänzerin Barbara Campanini

eines Gastspiels in Venedig verpflichtet, in Berlin aufzutreten. Doch dann lockte sie das Heiratsversprechen eines englischen Lords, und sie suchte, vom Vertrag loszukommen. Doch für König Friedrich II. war das Auftreten der Tänzerin in Berlin so wichtig, daß er auf die venezianischen Behörden Druck ausüben ließ, um die Barbarina zur Erfüllung des Vertrags zu zwingen. Die Folge war, daß sich die so heiß Umworbene unter militärischer Eskorte von Venedig nach Berlin bequemen mußte. Der englische Lord versuchte mehrmals, mit seiner Dulcinea Verbindung aufzunehmen und sie zu entführen. Es half alles nichts. Am 8. Mai 1744 traf der Reisewagen der Tänzerin in Berlin ein, mit ihr aber auch der liebestolle, junge Engländer. Doch man machte nicht viel Federlesens mit ihm. Mit freudiger Zustimmung des englischen Gesandten, der sich im Auftrag der Familie des Lords gegen eine Verbindung mit der Barbarina ausgesprochen hatte, wurde der junge Mann festgesetzt und vom Polizeipräsidenten von Kircheisen nach Hamburg abgeschoben. Bei dieser Affäre hat auch Gotter mitgewirkt. Um zu verhindern, daß die Tänzerin entführt werde, nahm er das schöne corpus delicti zu sich ins Quartier und hat sie so seinem König erhalten.

Der Polizeipräsident von Kircheisen war ein guter Bekannter Gotters. Die Männer hatten verwandte Charakterzüge: Gotter galt als Freund guter Weine, und auch Kircheisen fand sein größtes Vergnügen bei einem kräftigen Schluck. Er berauschte sich regelmäßig jeden Mittag, und doch soll die Polizei nie besser gehandhabt worden sein als unter seiner Leitung. Alle Abende sah man ihn durch die Straßen reiten, wobei er so auf dem Pferde schwankte, daß man jeden Augenblick erwarten mußte, er würde herabstürzen. Aber er fiel nicht, und nichts entging seiner Achtsamkeit. Besonders lobend wird erwähnt, daß Kircheisen sich nie zu einer Dienstunregelmäßigkeit verleiten ließ, mochte man ihm zutrinken, soviel man wollte.

Unter den Briefen des Freiherrn von Bielfeld befindet sich einer vom 12.4.1743, den er an den Marquis d'Argens schrieb, einen französischen Intellektuellen aus der Potsdamer Tafelrunde. Er enthält folgende Charakteristik Gotters:

"Ihr Brief, mein lieber Marquis, hat mir das größte Vergnügen gemacht, und ich habe herzlich über die Beschreibung der Reise, die Sie in Gesellschaft des Grafen Gotter machten, gelacht. Sie beide passen in der That schlecht für einander. Er geht abends 10 Uhr zu Bett, Sie morgens um 3, er steht mit der Morgenröthe auf, Sie, wenn die Sonne ihren höchsten Standpunkt erreicht hat. Wenn er Ihnen also einen guten Morgen bietet, so wünschen Sie ihm eine gute Nacht. Er fürchtet die Hitze, Sie scheuen die Kälte; und wenn Sie das Kutschenfenster niederlassen, so zieht er es in die Höhe. Ihr Streit darüber muß sehr komisch gewesen sein... Ich bin überzeugt, daß Sie unterwegs den Horaz lasen, den Sie beide verstehen und lieben..."

Hochzeit der Prinzessin Ulrike

Weitere Gelegenheit, sich als Oberhofmarschall darzustellen, fand Gotter im Juli des Jahres 1744, als er die Hochzeitsfeierlichkeiten der 24 Jahre alten Prinzessin Ulrike, der Schwester des Königs, mit dem schwedischen Thronfolger ausrichtete und das Paar bis an die schwedische Grenze in Pommern begleitete. Das Ereignis wurde in der zeitgenössischen Berichterstattung gehörig kolportiert. Der als sparsam verschriene preußische Hof entfaltete einen verschwenderischen Luxus. Die Braut trug eine Brillantkrone von "unschätzbarem Werthe". Als die Ringe gewechselt wurden, erschallte von den Wällen eine dreifache Kanonensalve. Danach speiste man an 8 Tafeln mit je 40 Gedecken. Gotter saß mit den preußischen Ministern und den Hofdamen an der fünften von ihnen. Die Diener servierten auf massivem Golde. Das Service war im Jahr zuvor angeschafft worden und soll 1,3 Millionen Taler gekostet haben. Der Nachtisch und das Konfekt wurden auf "sächsischem Porcellain" gereicht, dessen Wert man auf 10.000 Taler schätzte. Zu allem erklang eine "vortreffliche Music" von der königlichen Hofkapelle. In der Woche nach dem Hochzeitstage folgte eine Feier der anderen. Man zerstreute und belustigte sich mit Opernvorführungen, Gartenpartien, Feuerwerk, Festessen und Bällen, die bis in die Morgenstunden andauerten.

Am 26. Juli 1744, dem Tag ihrer Abreise, wohnte Prinzessin Ulrike noch einer Vorstellung im Opernhause bei. Der König hatte Gotter beauftragt, daß seine Schwester nach der Aufführung rasch noch etwas essen sollte, um danach so schnell wie möglich die Stadt zu verlassen. Doch ein tränenreicher Abschied Ulrikes von ihrem Bruder Ferdinand vor allen Besuchern der Oper verzögerte die Abreise. "Endlich unterbrach der Graf Gotter die Scene", wußte der Freiherr von Bielfeld zu berichten. "Er stürmte herein, drängte sich bis zur Prinzessin, riß sie aus den Armen der Königin Mutter und trug sie gleichsam aus dem Zimmer." Bei den damaligen Verhältnissen wußten die Menschen nie, ob sie sich nach einer solchen Trennung jemals wiedersehen würden. Die Töchter der Herrscherhäuser waren meist nur Gegenstand einer kalten Interessenpolitik. Ein beredtes Beispiel hierfür ist Christine, die Gemahlin Friedrichs II. Der Kronprinz hatte das Mädchen aus Gehorsam zu seinem Vater geheiratet, obwohl er sie von Anfang an nicht ausstehen konnte. Zu einem engeren Kontakt zwischen beiden ist es nie gekommen. Die Königin genoß alle Rechte, die sie dank ihrer Stellung beanspruchen durfte. Aber eines fehlte ihr ein Leben lang: das Glück einer Ehefrau. Christine soll niemals in Sanssouci gewesen sein.

Schon zu Beginn seiner Regierung im Jahre 1740 faßte Friedrich II. den Gedanken, außer dem Opernhaus auch das Gebäude für eine Akademie errichten zu lassen. Er beabsichtigte, die schon bestehende Gesellschaft der Wissenschaften, die ein Dasein im Verborgenen fristete, mit neuem Leben zu erfüllen, um mit den englischen und französischen Einrichtungen gleicher Art wetteifern zu können. Am 23. Januar 1744, dem Vorabend vom Geburtstag Friedrichs II., fand die erste Sitzung dieser Akademie der Wissenschaften statt. Hierbei wurden vier Kuratoren benannt, deren Wahl der König einer Kommission überlassen hatte. Einer von ihnen wurde Gotter, was immerhin als Beweis der Befähigung für dieses Amt gewertet werden muß. Die Kuratoren bildeten, zusammen mit vier Direktoren, den Vorstand der Akademie. Ihm oblagen die Verwaltung der Mittel, die Regelung der wirtschaftlichen Angelegenheiten und die Veröffentlichung der wissenschaftlichen Arbeiten. Die Kuratoren wechselten alle drei Wochen im Präsidium und riefen mindestens alle sechs Wochen eine Vorstandssitzung ein. Die Akten der Akademie weisen aus, daß sich alle Kuratoren mit großem Fleiß um die Interessen der Akademie bemühten und sich selbst um die kleinsten Dinge kümmerten. Formey, der ständige Sekretär der Akademie, zu dessen Aufgaben es gehörte, beim Tod ihrer Mitglieder die Nachrufe zu verfassen, bestätigte, daß Gotter bei allen Gelegenheiten viel Eifer zum Vorteil der Akademie zeigte und allen Mitgliedern sehr zugetan war.

Gotter wird Kurator der Akademie

Aus den Briefen Friedrichs II. an Gotter, die in den Ausgaben seiner Werke enthalten und zwischen dem 14. November 1742 und dem 6. Januar 1753 geschrieben sind, geht stückweise hervor, was den Grafen damals beschäftigte und wie oft er doch von Berlin abwesend war und sich in Molsdorf aufhielt. Zunächst jedoch eine kritische Betrachtung zu diesen Briefen. Sie sind eine Auswahl von 19 Stück aus insgesamt 62, die zwischen 1732 und 1753 von Friedrich II. an Gotter gerichtet wurden. Leider sind ihnen Gotters Antworten nicht gegenübergestellt, so daß der Zusammenhang teilweise erraten werden muß. Die Briefe befanden sich 1851 im Besitz der Frau des Philosophen Schelling, einer Tochter des Dichters Friedrich Wilhelm Gotter. Dieser war ein Sohn von Gotters Schwester Ludmilla Magdalene Wilhelmine, die ihren Vetter Heinrich Ernst Gotter geheiratet hatte. Die Briefe zeigen, daß sich Friedrich II. stets um die Gesellschaft des Grafen bemühte. Trotzdem atmen sie nicht jene Vertrautheit, die uns aus Friedrichs Briefen an seine Freunde entgegenweht. Sie sind von Sekretären geschrieben und enden mit leeren Höflichkeitsfloskeln. Nur hin und wieder hat der König selbst einige Worte zugefügt, ehe er ohne jedes Beiwort mit seinem Namen unterschrieb. Das Verhältnis der Männer zueinander war, wahrscheinlich schon wegen des Altersunterschiedes, freundlich, aber von gebührender Distanz.

Gotters Geldnöte

Ein Brief vom 7. September 1743, der nach Molsdorf geschickt wurde, handelt von Gotters Geldnöten. Friedrich II. schrieb (Auszug aus dem Französischen, wie auch bei den folgenden Briefen): "Mein lieber Graf von Gotter, Ihre zwei Briefe vom 31. August sind gut angekommen. Ich war erstaunt, in einem von ihnen eine lange Predigt zu finden, angefüllt mit sittlichen Betrachtungen und von Überlegungen wegen Ihrer Armut, wegen der Unmöglichkeit, mit Ihrem Gehalt auskommen zu können, und der großen Beweggründe, die Sie zu dem Entschluß kommen lassen, der Welt und dem Hof den Rücken zu kehren. Wenn Sie allen Ernstes auf dieser Absicht bestehen, werde ich Ihnen Ihren Abschied nicht verweigern können, der Ihnen nötig erscheint, um Sie vor Ihrem Ruin zu retten; aber Sie haben genug Verstand, sich gleichzeitig auf die Fortdauer Ihrer Pensionen Hoffnung zu machen.

Was die fraglichen fünftausend Taler betrifft, rate ich Ihnen noch zu etwas Geduld... ich finde mich dieses Jahr von soviel Ausgaben belastet, daß ich Sie unmöglich zufriedenstellen kann. Aber Sie werden dadurch nichts verlieren, und ein Aufschub ist keine Verweigerung..." Es folgen noch einige Weisungen wegen der Anwerbung von Husaren-Offizieren und der Auftrag, sich am 11. September 1743 in Gera einzufinden. Friedrich II. beabsichtigte, nach Bayreuth zu reisen und sich unterwegs mit Gotter über den Bischof von Bamberg zu unterhalten. Mit dieser Reise wollte der König die Stellung des als Kaiser Karl VII. gewählten Kurfürsten von Bayern festigen. Sie hatte, wie die späteren Ereignisse bewiesen, keinen Erfolg.

Gotters fortgesetzte Urlaubsgesuche

In den Jahren 1743 und 1744 scheint Gotter Friedrich II. ständig wegen Urlaub bedrängt zu haben. Das geht aus zwei Briefen hervor, die der König an ihn richtete. In einem von ihnen entledigte sich Friedrich II. seines Versprechens, Gotter 5.000 Taler zu geben. Dies geschah jedoch unter der Bedingung, daß er ohne Unterbrechung in Berlin wohnen und mindestens ein Jahr verstreichen lassen müsse, ehe er von neuem Urlaub verlange. Dem anderen Brief fügte Friedrich II. eigenhändig zu: "Nachdem ich Ihnen gegeben habe, was Sie verlangten, hoffe ich, daß Sie in Berlin bleiben und nicht das ganze Jahr in Molsdorf verbringen, sonst können Sie von mir nichts mehr erwarten." Es ist erstaunlich, welche Langmut Friedrich gegenüber seinem hartnäckigen Paladin bewies. Schon im April 1744 bat Gotter erneut um die Erlaubnis, nach Molsdorf reisen zu dürfen. Der Grund für diese Bitte geht aus zwei Briefen hervor, die der Graf an den Herzog von Weimar richtete. Ihr Inhalt spiegelt die Sorgen Gotters um den Fortgang der Arbeiten am Molsdorfer Schloß wider. Im Juni 1744 schrieb er (Übersetzung aus dem Französischen): "Wegen der Befürchtung, von Eurer Hoheit für aufdringlich gehalten zu werden, nehme ich mir nur zaghaft zum dritten Mal die Freiheit, Ihnen erneut zur Last zu fallen, indem ich Sie untertänigst bitte, Ihren Oberbaumeister Herrn Krohn zu beauftragen, daß er sich anfangs des nächsten Monats für einen oder zwei Tage nach Molsdorf begibt. Denn man berichtet mir, daß seine Anwesenheit und seine Anweisungen dringend benötigt und ohne sie die Handwerker gezwungen sein werden, die Arbeit einzustellen und mir durch diese Unterbrechung gegen ihren Willen ebensosehr Verdruß wie Verlust erwachsen werden..." Daß der Herzog von Weimar auf Gotters Bitte nicht so schnell einging, ist leicht damit zu erklären, daß Krohne für ihn selbst an mehreren Baustellen tätig war. Auch König Friedrich II. antwortete auf Gotters Urlaubsanträge. In einem Brief vom 14. August 1744 aus Potsdam wies er den Grafen darauf hin, daß er ihm statt der versprochenen 5.000 Taler eine Pfründe an der Liebfrauenkirche in Halberstadt gegeben habe, die ihn um 8.000 - 10.000 Taler bereichert hätte. Gotter solle sich auch erinnern, daß dies mit der Bedingung verknüpft gewesen sein, das Geld in Berlin und nicht in Molsdorf auszugeben. "Wie dem auch sei", fuhr der König fort, "so will ich Ihnen zum letzten Mal erlauben, auf drei Wochen Ihr Heim in Molsdorf aufzusuchen, vorausgesetzt, daß Sie darauf nie mehr zurückkommen, denn ich bin fest entschlossen, jede andere Bitte um Urlaub oder Verabschiedung nicht mehr anzuhören."

Angebliche Heiratspläne des Grafen

Unter den Briefen Friedrichs II. folgen nun zwei, die sich mit einer Vermählung Gotters befassen. Der erste wurde im Dezember 1744 aus Schweidnitz in Schlesien geschrieben, wo sich Friedrich II. während des 2. Schlesischen Krieges (1744-1745) aufhielt. Es heißt da: "Ich schreibe Ihnen diese Zeilen, um Ihnen zu sagen, daß ich von der Absicht gehört habe, daß Sie sich... mit einem Fräulein namens Castelli verheiraten wollen. Ich gebe Ihnen dazu gern meine Zustimmung, jedoch unter der ausdrücklichen Bedingung, daß Sie immer an meinem Hofe bleiben und Berlin nicht verlassen." Ob Gotter wirklich an eine Heirat dachte, wie später auf Grund dieses Briefes behauptet wurde, ist mehr als fraglich. Nach dem Brief Friedrichs II. vom 19.1.1745 muß eher angenommen werden, daß es sich um einen der Scherze handelte, denen der König in jungen Jahren nicht abgeneigt war. Gotter bezeichnete die Anspielung Friedrichs II. anscheinend als Bosheit, denn anders kann die entschuldigende Antwort des Königs kaum verstanden werden: "Ihr Verstand wird Sie haben erkennen lassen, daß die Idee Ihrer angeblichen Heirat nur ersonnen wurde, um Sie ein wenig aufzuheitern, und daß man darin keine Bosheit suchen soll." Nach allem, was man von Gotters Wesensart weiß, muß bezweifelt werden, ob er je an eine Heirat dachte. Er war viel zu selbstsüchtig und auf seine Freiheit bedacht, als daß er sich zu einer dauernden Bindung hätte entschließen können.
In dem vorstehend genannten Brief bedauerte Friedrich II. Gotters beklagenswerten Gesundheitszustand. Zugleich aber ermahnte er ihn, darüber nachzudenken, daß er sich zwar weigere, nach Berlin zu kommen, zur selben Zeit aber den Gedanken hege, mit einem gewissen Jordan eine langwierige Reise zu unternehmen.
Am 28. Januar 1745 suchte Gotter schließlich um seine Entlassung aus dem Staatsdienst nach. Friedrich II. riet ihm in seiner Antwort vom 9. Februar, nichts zu überstürzen. Falls er jedoch auf seiner Absicht bestehe, bot ihm der König eine Pension von 1.000 Taler an. Dieser Brief hat sich mit einem Gotters vom 6. Februar gekreuzt, denn Friedrich II. antwortete schon am 16. Februar: "Doch sollen Sie wissen, wie sehr ich an dem Unglück teilnehme, das Sie verfolgt und daran hindert, nach Berlin zu kommen, wo Sie bessere Mittel zur Genesung finden würden als in Montpellier. Trotzdem überlasse ich es Ihnen, Ihr Geschick selbst zu meistern, und versichere, was auch geschehen mag, daß ich nichts ändern werden an

dem, was Sie betrifft, und daß Sie niemals befürchten müssen, von mir vergessen zu werden, denn ich war bei allen Gelegenheiten aus vollem Herzen bestrebt, Sie zu überzeugen, wie sehr ich Sie liebe und schätze. Wenn es übrigens der Vorsehung gefallen sollte, Ihnen eine vollständige Gesundung zu schenken, so werden Sie mir stets willkommen und es mir ein Vergnügen sein, Ihnen davon wirkliche Beweise zu geben." Friedrich II. fügte eigenhändig hinzu: "Ich beklage einen liebenswürdigen Mann, dessen Verlust für Berlin ein Bankrott ist, und wenn man jemand statt Ihnen zum Teufel schicken könnte, so versichere ich Ihnen, daß ich ihm eine ganze Abteilung opfern würde, um dadurch Ihre große und teure Seele aus seinen Händen zu retten."

Das Verhältnis des Königs zu Gotter

Wenn man von den damals üblichen, nach unserem Geschmack schwülstigen Freundschaftsbeteuerungen absieht, so waren die von Friedrich II. für Gotter bekundeten im Kern doch ehrlich gemeint. Gotter war neben dem Freiherrn von Pöllnitz der einzige deutsche Zivilist, der zu des Königs engerem Umgang gehörte. Der Monarch hatte keinen Grund, mit dem Grafen unzufrieden zu sein. Dieser hatte ihm stets redlich gedient und seine Interessen vertreten. Gotter bedankte sich denn auch beim König. Dieser fügte seiner Antwort persönlich folgende Zeilen bei: "Die von Ihnen aufgezeigte Hoffnung, Sie eines Tages wiederzusehen, hat mir Freude bereitet. Die bessere Gesellschaft von Berlin trägt, seit Sie für sie tot sind, eine ziemlich tiefe Trauer, und um Ihrer Eigenliebe zu schmeicheln: mein Horaz ist schwarz eingebunden worden, und Joyard (Anmerkung: Friedrichs Leibkoch) fertigt nur noch Ragouts von dunkler Farbe. Trotz allen Unrechtes, das Sie uns zufügen, ist man gütig genug, Sie deswegen nicht weniger zu schätzen."

Am Weihnachtstage 1745 schlossen Österreich und Preußen Frieden. Gotter hat nicht mehr erlebt, wie sein König als siegreicher Held in einem wahren Triumphzug nach Berlin zurückkehrte. Wenn man den Schilderungen eines Augenzeugen glauben darf, begann das Volk schon damals, Friedrich II. mit dem Beinamen "der Große" zu benennen.

Antoine Pesne porträtiert Gotter

Während Gotters Aufenthalt am Berliner Hof entstand wahrscheinlich sein Porträt von Antoine Pesne (Abbildung). Die Blüte der Mannesjahre - Gotter war um die 50 Jahre alt - ist allerdings vorüber. Das herrische Gesicht mit den dicken Lippen ist krankhaft aufgeschwemmt. Doppelkinn, Speckfalten am Hals und der füllige Körper zeugen von den Folgen allzu üppiger Lebensweise.

WIEDER IN MOLSDORF

Gotter hatte also erreicht, im Frühjahr 1745 aus dem Staatsdienst ausscheiden und sich mit einer ansehnlichen Pension in Molsdorf niederlassen zu dürfen. Die Bilder aus jenen Tagen zeigen ihn als einen Mann von beträchtlichem Leibesumfang. Aus der Tatsache, daß er sich in einem Rollstuhl durch den Park schieben

Der gichtkranke Gotter im Park

ließ, darf man schließen, daß er unter der Gicht litt, einer Krankheit, die häufig im Gefolge falscher Ernährung einhergeht. Trotzdem sind Zweifel erlaubt, ob Gotter seinen Gesundheitszustand nicht düsterer schilderte, als er in Wirklichkeit war, fand er darin doch einen Grund, sich auf seinen geliebten Landsitz zurückzuziehen. Schon 1743 hatte er mit einer Kur in Bad Freienwalde seine Gebrechlichkeit vor aller Welt demonstriert. Doch war er nicht bereit gewesen, sich entsprechend dem Vorschlag Friedrichs II. unter dessen Augen in Berlin behandeln zu lassen. Merkwürdig mutet auch an, daß sich Gotter, trotz seines angeblich schweren Leidens, im Jahre 1746 um die frei gewordene Stelle des Amtshauptmanns zu Cottbus bewarb. Er erhielt sie jedoch nicht, da der König anders darüber verfügte. Daß dieser im innersten Herzen nicht von Gotters "beklagenswertem Zustand" überzeugt zu sein schien, zeigt ein Vorfall aus dem Jahre 1745. Dem König war, wie sich später herausstellte in verleumderischer Weise, hinterbracht worden, Gotter sei mit einem glänzenden Gefolge nach Hannover gereist, und das, obwohl er es ständig abgelehnt hatte, in Berlin zu leben. Friedrich II. war über die Nachricht so empört, daß er den Minister von Podewils anwies, Gotter die Pension zu streichen und ihm mitzuteilen, wie nahe dem König sein Verhalten gegangen sei. Der Brief von Podewils traf Gotter wie ein Blitz aus heiterem Himmel; doch es fiel ihm leicht, sich zu rechtfertigen. Es erfülle ihn mit lebhaftem Schmerze, schrieb er am 4.7.1745, daß ihn der König eines solchen Schrittes für fähig gehalten habe. Dieser antwortete aus dem Kriegslager in Böhmen, daß er Gotters Versicherungen Glauben schenke. Falls die Nachricht wahr gewesen wäre, hätte er wohl Ursache gehabt, mit ihm zu brechen, denn wem hätte er dann noch vertrauen können. Nach der Rechtfertigung wolle er nun dafür sorgen, daß die Pension wieder ausgezahlt werde.

In Molsdorf begann nun ein Leben so recht nach dem Geschmack eines Epikureers. Gotha mit seinen Bekannten war nahe, und rings in den Dörfern wohnte auf Rittersitzen der gleichgesonnene Landadel. Man blieb unter sich und versammelte sich um den Herzog, der seine Berater, Offiziere und Vertrauten aus diesem Kreise wählte. Vor der Schilderung von Geselligkeit und Festen sollen zu besserem Verständnis des damaligen Lebens die allgemeinen Verhältnisse beleuchtet werden. Das Herzogtum Sachsen-Gotha-Altenburg hatte überwiegend landwirtschaftlichen Charakter. Der Wohlstand dieses Wirtschaftszweiges und die ihn berücksichtigende Ordnung des Staatsapparates hingen dadurch zwangsläufig voneinander ab. Wenn auch die Feudalherren die Güter nicht selbst bewirtschafteten, so strebten sie doch an, deren Erträge im Interesse einer höheren Pacht zu verbessern. Entsprechende Maßnahmen Gotters wurden schon erwähnt. Die von Ernst dem Frommen und seinen Nachfolgern erlassenen Verordnungen verhalfen den Bauern zwar zum Schutz durch das allgemeine Recht, änderten jedoch nichts an dem starren Verhältnis zwischen Fürst und Untertan. Die Freizügigkeit der unteren Gesellschaftsklassen innerhalb des Territoriums war eingeschränkt. Die von früher her geltende Gesinde-Ordnung war trotz ihrer Neufassung ganz darauf abgestellt, die für den Feld- und Gartenbau erforderlichen Arbeitskräfte zu sichern. Alle arbeitsfähigen, ledigen Personen beiderlei Geschlechts mußten von den Gemeinden in besonderen Listen erfaßt werden. Diese Leute waren unter Zwangsandrohung zur Arbeit verpflichtet, durften sich aber den Dienstherrn wählen. Urlaub gab es nur 2 Tage im Jahr. Wegen des starken klerikalen Einflusses war es streng verboten, an Sonn- und Feiertagen zu arbeiten, was besonders in der Erntezeit zuweilen als äußerst bedrückend empfunden wurde. Selbst der Besuch von Kirchweihfesten war reglementiert.

Gotters Verhältnis zu seinen Nachbarn und den Untertanen

Spannungen zwischen dem Gutsherrn einerseits und den freien Bauern und Tagelöhnern andererseits blieben nicht aus. Sie bekam auch Gotter zu spüren. Frondienste und andere Lasten wurden nicht widerspruchslos hingenommen. Schon Gotters Vorgänger hatte die Bauern nicht bewegen können, beim Bau eines Waisenhauses mitzuhelfen. Gotters selbstherrliches Auftreten war nicht dazu angetan, ihm die Zuneigung der Nachbarn zu gewinnen. In einem Bericht der Landesregierung an den Herzog vom 8. Juni 1747 steht zu lesen: "Es verfällt der Herr Graf insonderheit auf eine oder andere Principia, als, daß ihm das Eigenthum aller Gemeindegüter zustehe, ja sogar daß die Bauern in dem nexu einer Leibeigenschaft stünden." Gotter hielt es auch oft als unter seiner Würde, Rechtsstreitigkeiten auf dem ordentlichen Gerichtswege auszufechten. Er wandte sich wiederholt unmittelbar an den Herzog. Dabei scheute er sich nicht, seine Unzufriedenheit mit den Behörden in unverdienten und anzüglichen Ausdrücken zu äußern. Wie wenig beliebt der Graf auch bei seinen Dienern war, geht aus einem Brief hervor, den er Jahre später an den gothaischen Hofrat Schläger schrieb. Im Anschluß an einen dienstlichen Auftrag war er nach Hamburg gereist und hatte in Altona ein Wirtshaus besucht, wo er sich bei einem Glas englischen Bieres die Stammtischgespräche der Bürger über das verworrene Zeitgeschehen anhören wollte. Das Vergnügen wurde jedoch durch zwei Männer gestört, die früher als Köche bei ihm gearbeitet hatten, ihn erkannten und aus Hamburg vertrieben. Kein Geringerer als Friedrich der Große hat Gotters gestörtes Verhältnis zum einfachen Mann erkannt und verurteilt.

Von den Streitigkeiten Gotters mit der Gemeinde Molsdorf sind zwei Vorgänge herauszuheben. Der erste Fall betrifft das Fronbotengehen. Die Molsdorfer weigerten sich nämlich, die zahlreichen Pakete des Grafen zu befördern. Auf einen Bericht Gotters zu dieser Angelegenheit wurden die Fröner verpflichtet, bis zu 16 Pfd zu tragen. Die Einwohner gaben sich mit dieser Anweisung jedoch nicht zufrieden und führten seit 1740 Klage. Als alles nichts nützte, zogen sie 1751 in Scharen nach Gotha und verlangten, den Herzog zu sprechen. Bei der Einstellung der damaligen Landesherren war so etwas jedoch unvorstellbar. So befahl denn auch der Herzog am 7. August 1751 der Landesregierung, "die ungehorsamen und widerspenstigen Unterthanen zum Gehorsame mit allem Ernst anzuhalten und mit scharfen Zwangsmitteln wider sie zu verfahren, und wenn dies nicht helfen sollte, so werde der Herzog außerordentliche Strafen, wie militärische Exekution, Zuchthausstrafe und dergleichen, vollziehen lassen."

In einem anderen Fall hatte Gotter eine im Bezirk des Rittergutes stehende Mühle eingehen und den zugehörigen Mühlgraben austrocknen lassen. Die Gemeinde hatte in diesem Graben das Fischereirecht ausgeübt. Sie beanspruchte daher den Teil des Geländes, der zwischen Gemeindeeigentum lag. Gotter hingegen erhob Anspruch auf den ganzen Graben, da er angeblich ein Zubehör seiner Mühle gewesen sei. Als er mit dieser Begründung dort Weiden pflanzen ließ, wurden diese in der folgenden Nacht wieder ausgerissen. Der Graf forderte daraufhin von der kurmainzischen Miliz aus dem benachbarten Erfurt Soldaten an, um unter ihrem Schutz als Vergeltung für das Vorgehen der Gemeinde auf deren Grund Obst und andere Bäume umhauen zu lassen. Doch die Bauern widersetzten sich dem so tatkräftig, daß die Soldaten unverrichteter Dinge wieder abziehen mußten. Später ließ Gotter die Bäume von eigenen Leuten doch noch fällen. Auch diesen Streit mußte der Herzog schlichten.

Der Rittergutsbesitzer als Gerichtsherr

Als Besitzer des Rittergutes war Gotter zugleich Gerichtsherr der Gemeinde und Schutzherr ihrer Kirche. Das bedeutete jedoch nicht, daß die Gemeindemitglieder seiner willkürlichen Rechtsauslegung ausgeliefert gewesen wären. Herzog Ernst der Fromme hatte die Zuständigkeiten bei der Rechtsprechung streng geregelt. Die adligen Gerichte unterstanden der Oberaufsicht der Regierung, die zugleich Berufsinstanz für Personen bürgerlichen Standes war. Die Gerichtsherren waren verpflichtet, nur juristisch ausgebildete Personen als Richter einzusetzen und deren Wechsel zu melden. Den herrschaftlichen Gerichten oblag lediglich die niedere Gerichtsbarkeit. Alle peinlichen, d.h. mit Leibes- und Lebensstrafen verbundenen Prozesse wurden ausnahmslos durch die Landesregierung beaufsichtigt. Für alle Ehesachen und in Kirchengutstreitigkeiten war allein das Oberkonsistorium in Gotha zuständig. Die Macht der Gerichtsherren war also beträchtlich eingeschränkt. Das bekam auch Gotter zu spüren, als es ihm nicht gelang, für den Bau einer Allee von Molsdorf nach Dietendorf die Grundstückseigentümer zur Herausgabe des erforderlichen Landes zu bewegen. Erfolglos blieb Gotter auch in einem anderen Fall, als er zur Abrundung seines Besitzes von einem Bauern einen kleinen Acker erwerben wollte. Obwohl der Graf bereit war, dafür jeden Preis zu zahlen, wollte sich der Mann nicht von seinem Besitz trennen, weil er ihn von seinem Vater geerbt hatte. Gotter blieb nichts übrig, als seinen Unmut in der ihm eigenen Weise zu äußern: an der Grenze zwischen den Feldern ließ er einen Stein setzen mit der eingehauenen Inschrift "Monumentum rusticae pertinacitatis" (Denkmal bäuerlicher Halsstarrigkeit). Der Stein stand bis in die Mitte unseres Jahrhunderts auf der linken Seite der von Molsdorf nach Kornhochheim führenden Fahrstraße. Jetzt befindet er sich im Schloßpark oberhalb des Pavillons am Weg zur Windburg.

Dasein in ländlicher Idylle

Doch kehren wir zu dem zurück, was Gotter zutiefst verlockt hatte, sich aus dem Getriebe der Welt zurückzuziehen und dem hinzugeben, wonach sein Naturell verlangte: dem ungezwungenen Genuß des Daseins in ländlicher Idylle. Mit dem Schloß und seinem Garten hatte er den Rahmen für seine hochfliegenden Pläne geschaffen. Nun hieß es, ihn mit Leben zu erfüllen. Gotter hatte sich dazu mit einem wahren Hofstaat umgeben. Das Kirchenbuch von Molsdorf weist 40 Personen nach, die in seinem Dienste standen, darunter ein Haushofmeister, ein Barbier, drei Kammerdiener, ein Mundschenk, drei Köche, sowie Läufer, Jäger und andere mehr.

Gotter hat kein Tagebuch geführt und keine Memoiren geschrieben. Sein unruhiger Geist ließ ihm keine Zeit zu beschaulicher Betrachtung. Doch darf man aus anderen Quellen und der mündlichen Überlieferung schließen, daß er nichts weniger als das Leben eines Einsiedlers führte. Da werden die Namen seiner Mutter und Schwestern genannt und Besuche von Bekannten erwähnt. Die Freigebigkeit des Grafen gegenüber diesen Personen überschritt alle Grenzen. So wurde erzählt, daß eines Tages unangemeldet der Koadjutor des Kurfürsten von Mainz eintraf. Gotter war an diesem Tage beim Herzog von Gotha zur Tafel geladen, weswegen sein Koch kein Mittagessen vorbereitet hatte. Doch der Graf wußte sich zu helfen. Er schickte einen reitenden Boten nach Gotha, um seinen Besuch beim Herzog abzusagen, und beauftragte den Koch, das letzte Kalb im Stalle schlachten zu lassen. Dieser brachte daraus nicht weniger als zwanzig Gerichte auf die Tafel.

Champagner in Kelchen ohne Fuß

Die überlieferten Anekdoten schildern uns Episoden des Lebens im und um das Molsdorfer Schloß zu Gotters Zeiten. So soll der Champagner in Kelchen ohne Fuß gereicht worden sein, so daß die Gäste die Gläser nicht abstellen konnten und gezwungen waren, sie in einem Zuge zu leeren. Bei Tisch wurden nicht nur Schüsseln mit Speisen, sondern auch welche mit Pretiosen aufgetragen, aus denen sich jeder Gast ein Andenken an Molsdorf mitnehmen konnte. Unbestätigt sind Berichte, daß die Tänzerin Barbarina Molsdorf besucht und die Gäste des Grafen mit ihren Darbietungen entzückt hat. Selbst die Dorfbewohner trugen bei, die Festgesellschaften mit Kurzweil zu erheitern. Ein Trompetenstoß vom Palmberg am Dorfrand war das Signal, sich im Schloßhof einzufinden. Dort wurden zunächst Speisen und Getränke ausgeteilt und danach Preisspiele und Wettläufe ausgetragen. Zum Einsatz lockten Kleidungstücke und Gebrauchsgegenstände,

die an den Ästen eines Baumes aufgehängt waren. Wer am schnellsten laufen oder am höchsten klettern konnte, bekam die besten Preise.
Graf Gotter scheint, was seine Wesensart betrifft, auf dem Gipfel der aristokratischen Überspanntheiten seiner Zeit gestanden zu haben. Es wurden Dinge über ihn erzählt, die wie Erfindungen einer tollen Phantasie klingen. So soll Gotter gegen eine Dame der Nachbarschaft eine Wette gewonnen haben, bei der er selbst mitwirkte, deren Gegenstand aber der Schicklichkeit wegen nicht festgehalten worden ist. Bekanntgeblieben ist dagegen eine Wette, bei der es um die Leistungsfähigkeit eines Läufers ging. Dieser, aus Molsdorf gebürtig und Heinhold geheißen, sollte in 36 Stunden von Molsdorf nach Hannover und zurück laufen, was bei der gewöhnlichen Dauer von 50 Stunden für einen Weg unmöglich erschien. Es soll Heinhold wirklich gelungen sein, die große Strecke in noch kürzerer Zeit zurückzulegen. Es erging ihm jedoch wie einst dem Läufer von Marathon. Wohl gewann er dem Grafen die Wette, erlag aber, als Folge der Anstrengung, am Dorfrand von Molsdorf einem Blutsturz.

Der "Marathonläufer" von Molsdorf

Bei so viel Schatten auf dem Bild des selbstsüchtigen Grafen, mußte die Fama natürlich auch einige Glanzlichter setzen. So wird berichtet, daß Gotter an Weihnachten Holz, Kleidung und Geld an die Armen des Dorfes verteilt haben soll. Nachgewiesen ist, daß er in seinem 1756 errichteten Testament ein Kapital von 300 Taler ausgesetzt hat, von dessen Zinsen den Konfirmanden Hüte und Mützen gekauft werden sollten. Dieses Kapital hat er kurz vor seinem Tode auf 500 Taler erhöht. In die gleiche Richtung weist eine andere Anekdote. Als Gotter mit einem seiner Leibjäger längs der Gera spazierenging, rollten aus seiner schadhaften Westentasche einige Geldstücke auf den Weg. Ein Knabe, der am Ufer des Flusses angelte und die Münzen fallen sah, sprang hinzu und hob sie auf im Glauben, der Graf habe sie ihm zugedacht. Der Leibjäger hatte den Vorgang jedoch genau beobachtet. Er fuhr den Knaben an und forderte ihn auf, das Geld zurückzugeben. Als das Kind zu weinen begann, schalt Gotter den Jäger, weil dieser das Bild vom gütigen Schloßherrn so tölpelhaft zerstört hatte.

Brosamen an die Armen

Gotters Zuwendungen an minderbemittelte Personen müssen im richtigen Verhältnis gesehen werden. Sie waren nur Brosamen, die vom Tisch eines Reichen fielen. Was bedeuteten 300 oder auch 500 Taler im Vergleich zu den Unsummen, die Gotter zur Befriedigung seiner Gelüste ausgab. Ein Zeitgenosse urteilte: "Während er mit Vergnügen 1.000 Taler opferte, wenn es galt, ein Fest zu geben, war er unglücklich, wenn er einmal einen Taler im Spiel verlor... Er gehörte zu den Menschen, die geldgierig sind wie ein Geizhals."
Unter den Festen, die Graf Gotter selbst gab oder denen er bei anderen Gastgebern beiwohnte, verdienen die für den "Ordre des Hermites de bonne humeur" (Orden der gutgelaunten Eremiten) besonders beachtet zu werden. In jener Zeit, als die Menschen dabei waren, sich von den Fesseln mittelalterlicher Denk- und Lebensweise zu lösen, hatten Zerstreuungen aller Art Seltenheitswert. Es galt als außerordentliches Ereignis, wenn eine Truppe Schauspieler auf ihrem Thespiskarren in eine Stadt rollte, um für ein Gastspiel die Bühne aufzuschlagen. In den kleinen Residenzen und an ihren Höfen herrschte tödliche Langeweile. Männer wie Gotter, mit Witz und einem nie versiegenden Redestrom begabt, waren begehrte Gesellschafter, deren charakterliche Schwächen man gern übersah.

Der Eremitenorden

Der menschlich verständliche Wunsch, vergnügt zu sein und sich angenehm zu unterhalten, war der eigentliche Anlaß für die Gründung des Eremitenordens. Die Anregung hierzu ging 1739 von der Herzogin Luise Dorothee von Sachsen-Gotha aus, einer damals neunundzwanzigjährigen, hochgebildeten und sittlich einwandfreien Frau. Gern erfüllte der Herzog den Wunsch seiner Gemahlin. Ein Regierungsrat vom Hofe wurde beauftragt, die Ordensstatuten zu verfassen. Sie enthielten unter anderem folgende Bestimmungen: das Wohl des Ordens zu fördern, Kummer und schlechte Laune aus der Seele zu bannen, sittliche Freiheit und reine Freuden zu genießen, in Freude und Eintracht mit den anderen Mitgliedern zu leben, in den Versammlungen nur im Ordensgewande zu erscheinen, über das, was gesprochen wird, Stillschweigen zu bewahren, beim Dessert und nach Tisch französische Lieder zu singen, die Mitglieder mit den Worten "Vive la joie" (Es lebe die Freude) zu begrüßen.

Vive la joie!

Es verstand sich von selbst, daß auf den Sitzungen des Ordens nur französisch parliert wurde. Der Ordenskanzler führte den Schriftverkehr dieser wunderlichen Gesellschaft. Einmal lud er Gotter, dem die Herzogin den Ordensnamen Tourbillon (Wirbelwind) verliehen hatte, mit folgenden Worten zu einer Sitzung ein: "Durch Ihre Anwesenheit werden Sie die ganze Versammlung der gutgelaunten Eremiten in einen wahren Freudentaumel einhüllen." Alle Ordensmitglieder erhielten Decknamen. Sie wurden vom Herzogspaar bestimmt und deuteten den Charakter des Betreffenden an.

Die Ordensgesellschaft setzte sich aus Mitgliedern und Freunden des Gothaer Hofes zusammen. Es galt als Auszeichnung, in den Orden aufgenommen zu werden. So muß es als Zeichen großer Wertschätzung seitens des regierenden Fürsten und seiner Gemahlin angesehen werden, wenn Gotter im Jahre 1743 als Mitglied Nr. 39 zugelassen wurde. Auch seine Nichte Friederike von Wangenheim durfte 1745 beitreten. Sie erhielt den Ordensnamen "Singulière", d.h. die Einzigartige, die Besondere. Nach den Statuten des Ordens bestand das Ordensgewand für Damen wie Herren aus olivgrünem Taft, das nach neuester Mode geschnitten war. Zu ihm trug man Strohhüte, die mit rosenfarbenen Bändern garniert waren. Von gleicher Farbe waren auch die Gürtel und die Bänder an den Stäben, deren Form Hirtenstöcken ähnelte. Kennzeichen des Ordens war ein ovales Schildchen aus grünem Email, das an einem weißen Band mit grünen Rändern getragen wurde. Auf seiner Vorderseite stand die Devise "Vive la joie", auf der Rückseite der Ordensname und die Mitgliedsnummer.

Das Bildnis Gotters und seiner Nichte Friederike

Im Molsdorfer Schloß hängt ein Gemälde, auf dem Graf Gotter mit einer mädchenhaften Frau dargestellt ist (Abbildung). Es ist eine genaue Kopie des Originals von Antoine Pesne, das sich zu Potsdam im Schloß Sanssouci befindet. Beide Personen tragen eine Art Pilgertracht. Bisher wurde angenommen, daß es sich dabei um das Gewand des Gothaer Eremitenordens handelt und daß hier Graf Gotter mit seiner Nichte Friederike von Wangenheim abgebildet ist. Wesentliche Unterschiede zwischen dem Bild und der Beschreibung der Ordenstracht in der Literatur, so die Farbe von Gotters Umhang, der nirgendwo erwähnte Muschelschmuck wie auch die Flasche am Stab des Grafen erweckten Zweifel, ob es sich um die Tracht des Eremitenordens handelt und Gotters Begleiterin wirklich Friederike von Wangenheim ist. Als Zeitpunkt der Entstehung des Bildes wird "um 1755" angegeben. Falls diese Datierung richtig wäre, könnte Pesne Gotters Nichte nicht nach dem Leben gemalt haben, da sie 1752 im Kindbett starb. Auch das großzügige Dekolleté der jungen Dame nährte Zweifel an ihrer Identität. Man glaubte, daß es sich Friederike von Wangenheim als Hofdame der sittenstrengen Herzogin Luise Dorothee nicht hätte leisten können, sich so "offenherzig" abbilden zu lassen.

Alle diese Mutmaßungen werden durch ein Gemälde geklärt, das bei unseren Nachforschungen bekannt wurde (Abbildung). Es befindet sich im fränkischen

Thürnhofen, dessen ehemaliges Rittergut einst dem Grafen von Montmartin, dem Gemahl Friederikes, gehörte. Obwohl in der Folgezeit die Besitzer mehrmals wechselten, wurden die Bilder an ihrem Platz belassen. Die auf dem besagten Gemälde dargestellte junge Frau ähnelt der auf dem Pesne'schen Doppelbildnis so sehr, daß man daraus erkennen kann, daß es sich um eine und dieselbe Person handeln muß. Diese Erkenntnis wird zur Gewißheit, wenn man erfährt, daß in einer Gemäldeaufstellung aus dem Jahre 1821 ein "Portrait der Frau Gräfin von Montmartin geb. von Wangenheim" aufgeführt ist. Die auf ihm abgebildete Dame trägt eine Kleidung, die der historisch verbürgten Tracht des Gothaer Eremitenordens entspricht. Der Umhang ist vor der Brust mit rosenfarbenen Bändern zusammengehalten, und er hat dieselbe weiße Paspelierung, wie sie bei dem Grafen Gotter auf dem Doppelbild zu sehen ist. In Höhe der Schultern sind Muscheln aufgenäht, und auch hier hängt am Stab eine Flasche. Bemerkenswert ist das flache, oben offene Kästchen, das Friederike wie eine Kartentasche an einem Band über der Schulter trägt. Vielleicht wurden in ihm die Ordensregeln und das Mitgliederverzeichnis aufbewahrt, die jedes Mitglied nach den Statuten mit sich zu führen hatte. Die junge Frau ist schätzungsweise 18-20 Jahre alt. Da Friederike von Wangenheim 1729 geboren wurde, dürfte das Thürnhofener Bild um 1747 entstanden sein. Diese Datierung, und nicht "um 1755", dürfte auch für das Doppelbildnis zutreffen. Das Mienenspiel der anmutigen Pilgerin spricht dafür, daß sie das "kecke" Fräulein ist, das sich mit seinem heiteren Sinn das Wohlwollen der Herzogin von Gotha erwarb und von den Kavalieren der Hofgesellschaft umschwärmt wurde.

Der Orden bestand bis zum Ausbruch des Siebenjährigen Krieges (1756). Er zählte zuletzt 71 Mitglieder. Man traf sich in der Regel im Schloß Friedrichswerth bei Gotha, wo eigens für diese Versammlungen vier Klausen errichtet wurden. Das Hofzeremoniell war dann aufgehoben, und es gab nur noch Brüder und Schwestern, die sich im Range gleichstanden und mit den Ordensnamen anredeten. Von Fall zu Fall versammelte sich die Hofgesellschaft auch an anderen Orten, davon verschiedene Male in Molsdorf. Graf von Manteuffel hat das Drum und Dran seiner angeblichen Aufnahme in den Orden beschrieben. Sie soll beim Grafen Gotter in Molsdorf stattgefunden haben. Zunächst wurde der Novize mit viel Brimborium in den illustren Kreis eingeführt. Anschließend ließ der Graf ein üppiges Mahl von vierundzwanzig Gedecken servieren. Während des Festschmauses wurden Gesundheiten auf das Herzogspaar und den Schloßherrn getrunken, und bei jedem Trinkspruch erschallte unter dem Donner von sechs Kanonen der Ruf "Vive la joie!" Die Entfernung der Geschütze vom Haus war aber nicht richtig bemessen worden, so daß bei der ersten Salve über fünfzig Fensterscheiben zerbrochen zu Boden klirrten.Gotter war mystischem Treiben nicht abhold, was sein Beitritt zur Freimaurerei beweist. Im Jahre 1740 hatte er sich in Berlin der Loge zu den drei Weltkugeln angeschlossen. Im Sommer 1741 hielt er in Molsdorf mehrere Versammlungen ab. Obwohl er schon 1743 wegen Meinungsverschiedenheiten der Verbindung wieder den Rücken kehrte, kann Gotter als Wegbereiter der Freimaurerei in Thüringen angesehen werden. In mehreren Räumen des Molsdorfer Schlosses sollen früher freimaurerische Symbole angebracht gewesen sein, die später getilgt wurden.

Aufnahmezeremoniell des Ordens

Gotters gute Beziehungen zum Gothaer Hof waren bereits von seinen Eltern und Voreltern geknüpft und später von ihm selbst durch seinen Dienst als Gesandter des Herzoghauses gefestigt worden. Der Einfluß, den Gotter in Berlin gewonnen hatte, konnte für den thüringischen Kleinstaat wichtig werden. So ist zu verstehen, daß beide Seiten danach strebten, die gegenseitige Freundschaft zu pflegen. Das beschränkte sich nicht nur auf die Versammlungen des Eremitenordens, sondern fand seine Vertiefung in nachbarlichen Besuchen Gotters auf Schloß Friedenstein und ihren Erwiderungen in Molsdorf. Es war besonders die Gesellschaft der Herzogin Luise Dorothee, die Gotter suchte und die ihn aus den Untiefen seiner oberflächlichen Lebensauffassung in die lichten Höhen einer vergeistigten Welt führte.

Die Herzogin Luise Dorothee

Luise Dorothee war eine Ausnahmeerscheinung unter den hochgestellten Frauen ihrer Zeit. Von Jugend an mit der französischen Literatur vertraut, im Geiste der Aufklärung erzogen, mit einem klaren Verstand begabt, hatte sie sich dennoch ein warmes Herz und einen reinen Sinn bewahrt. Ihre Korrespondenz mit namhaften Schriftstellern und Denkern der damaligen Zeit und deren Wertschätzung beweist, in welch hohem Ansehen die Fürstin bei diesen Männern stand. Gotter soll mit wahrhaft schwärmerischer Verehrung an der Herzogin gehangen haben, und auch sie unterhielt sich gern und korrespondierte oft mit dem so anders gearteten Manne.

Bemerkungen über das Verhältnis Gotters zur Herzogin Luise Dorothee verdanken wir wiederum der Feder des Grafen von Manteuffel. Dieser hatte es als glänzender Briefeschreiber und vielseitig gebildeter Weltmann verstanden, die Gunst der Herzogin zu gewinnen und bei ihr zu einer Art Berater aufzusteigen. Er muß Gotter wegen seiner vielfältigen Erfolge beneidet haben, denn anders sind seine wiederholten, hämischen Auslassungen über ihn nicht zu verstehen. So schrieb Manteuffel 1744 aus Leipzig, wo Gotter bei ihm zu Tisch war: "Sausewind hat sich, wie er dies gewöhnlich tut, der Unterhaltung bemächtigt." Als Gotter gar einmal den Pegasus bestieg, um der Herzogin in Versen zu huldigen, zerriß sie Manteuffel in bissiger Kritik. Er schrieb: "Fürchten Sie nicht, angebetete Freundin, daß ich mich nicht hüte, ein so erhabenes Poem zu kritisieren wie das, von dem Sie die Güte hatten, Ihrem lieben Brief ... zwei kleine Proben beizufügen. Die zwei Sinngedichte sind wirklich von einer Art, daß ich wette, selbst Voltaire hat nie welche zustande gebracht, die ihnen gleichen. Das, was ich dabei am meisten zu bewundern finde, ist, daß der Autor in ihnen so vorteilhaft einen Grundsatz benutzt, den die größten Geister häufig nicht beachtet haben: Ich meine den, der es den Schriftstellern verbietet, ihre Werke mit zuviel Verzierungen zu beladen."

Auch an anderer Stelle und von keinem Geringeren als König Friedrich dem Großen findet sich ein Hinweis auf schriftstellerische Bemühungen Gotters. Der Monarch schrieb am 29.3.1746: "Übrigens werde ich noch auf Ihre soliden Betrachtungen über die Lebensregeln Ihres Cyrus eingehen, die es wert sind, von allen Herrschern nachgeahmt und befolgt zu werden." Ein solches Werk Gotters ist allerdings nicht bekannt geworden. Noch in einem anderen Brief zieht Manteuffel über Gotter her. 1746 schrieb er nach Gotha: "Es ist mir lieb, daß unser Sausewind, den ich wegen seiner tiefen Herzensgüte stets geliebt habe, von meinen Briefen erfreut zu sein scheint, obwohl ich überzeugt bin, daß dies der einzige Nutzen ist, den er daraus zieht. Von einem so lebhaften Geist wie seinem, der noch dazu von oft widersprüchlichen Gedanken erfüllt ist, kann nicht erwartet werden, daß er einem festen Plan folgt. Bei Ausführung der besten Ratschläge, die man ihm geben mag, wird er sich dauernd widersprechen."

Friederike von Wangenheim

Gotter war seiner Nichte Friederike von Wangenheim sehr verbunden. Trotz eigener Geldnöte hat er sie finanziell unterstützt. So schenkte er ihr die Zinsen eines Kapitals von 10.000 Taler, die ihr bis zu ihrem Tode ausgezahlt werden sollten. Dieser raffte sie freilich allzuschnell dahin. Friederike wurde Hofdame der

Herzogin Luise Dorothee und heiratete später den Geheimrat von Montmartin. Sie zog mit ihm nach Regensburg, wo er die Stelle des gothaischen Gesandten beim deutschen Reichstag innehatte. Dort starb die junge Frau am 21. Mai 1752 nach der Geburt einer Tochter.
Graf Gotter hat auch dazu beigetragen, die Verbindungen des Gothaer Hofes zu Friedrich dem Großen zu fördern. Als dieser im Jahre 1743 nach Bayreuth reiste, ließ man ihn durch Gotter bitten, den Rückweg über Gotha zu nehmen. Friedrich hatte jedoch keine Zeit für den Besuch. Er beauftragte Gotter, dem Herzogspaar das Bedauern über sein Fernbleiben auszusprechen und zugleich die Herzogin zu einer Reise nach Berlin einzuladen, wo er ihr einen sehr angenehmen Aufenthalt bereiten wollte. Ein solcher Besuch kam jedoch niemals zustande. Dafür ist Friedrich II. zweimal in Gotha gewesen, das erste Mal im Jahre 1757, als er während des Siebenjährigen Krieges mit der Vorhut seiner Truppen in die Stadt einzog, sich an die für seine Feinde gedeckte Tafel setzte und zwei Stunden mit dem Herzogspaare plauderte, das zweite Mal im Jahre 1762, als sich das Kriegsglück ihm zugewendet hatte. Bei diesem Besuch soll der König sogar seidene Kniestrümpfe getragen haben, wozu er sich sehr selten hergab.
Für Gotters Tun und Trachten waren seine Geldverhältnisse von großer Bedeutung. Es wurde beschrieben, daß er Anleihen aufgenommen und dagegen seine Besitztümer verpfändet hat, daß er das Gut Altenhof in Dietendorf veräußerte und schließlich vom preußischen König in Halberstadt eine Kirchenpfründe erhielt. Doch der Geldzufluß samt den Pensionen aus Berlin, Gotha und Stuttgart wie auch die Einnahmen aus dem Molsdorfer Rittergut reichten nicht aus, auf Dauer den großartigen Lebensstil zu ermöglichen. So blieb wieder nur die Flucht in neue Anleihen, in allen Fällen gegen die Verpfändung von Molsdorf. Zu verwundern ist, daß Gotter trotz der Schulden anderen Personen Zuwendungen zukommen ließ. Neben seiner Nichte Friederike wurden auch andere Verwandte bedacht. Der Graf muß ein wahres Finanzgenie gewesen sein. Stets gelang es ihm, irgendwo einen Goldesel zu finden, mit dessen Dukaten er das Loch in seiner Geldkatze stopfen konnte.

Gotter und das Geld

In diesem Zusammenhang sollen nicht die Anekdoten vergessen werden, die sich um Gotter und das Thema Geld ranken. Beiderseits der Einfahrt in den Molsdorfer Gutshof standen bis zum Ende des 2. Weltkrieges auf zwei Pfeilern die fast lebensgroßen Steinbilder zweier Soldaten, die im Volksmunde nur "die Geldmänner" genannt wurden und heute noch so bezeichnet werden. Sie tragen die Uniform des preußischen Fußvolks jener Zeiten, mit hohem Helm und Federbusch, vor sich einen Schild mit dem Gotterschen Wappen, auf dem Rücken aber einen Geldsack, auf dem sich deutlich sichtbar von innen die Talerstücke abdrücken. Der Graf hat die Figuren, das Gesicht dem Schlosse zugewandt, aufstellen lassen, um seinem Dank für den nie versiegenden Strom königlicher Freigebigkeit Ausdruck zu verleihen. Als die Sendungen später aufhörten, hat Gotter die Geldboten aus Verdruß umdrehen lassen, so daß sie vorwurfsvoll Richtung Berlin blickten.
Ein anderes Mal soll König Friedrich der Große ein Bündel Geldscheine in einen Buchdeckel haben einbinden und Gotter zusenden lassen. Der Graf vergaß, sich für das Geschenk zu bedanken. Einige Zeit später ließ der König anfragen, wie das Buch gefallen habe, man vermisse den entsprechenden Bericht. Doch Gotter war um eine Antwort nicht verlegen. Er habe geglaubt, schrieb er, daß weitere Bände folgen würden und er seinen Dank für alle auf einmal abstatten könne. Trotz aller königlichen Großmut verstummten Gotters Klagelieder nie, so daß

Friedrich II. schließlich resignierend bekennen mußte, daß alles andere eher möglich sei, als den Grafen Gotter reich zu machen.
Die von dem Aufenthalt in Molsdorf erhoffte Linderung seiner Leiden fand Gotter nicht, obwohl er in dem Erfurter Professor und Arzt Mangold einen tüchtigen Betreuer hatte. So erwähnt Friedrich II. in einem Brief vom 1.1.1746 einen Rückfall in Gotters Befinden, der ihn der Freude beraube, den Grafen in Berlin zu sehen. Dennoch erschien Gotter dort am 11. Januar, kehrte jedoch nach kurzem Aufenthalt ins heimatliche Molsdorf zurück. Auch in einem späteren Brief vom 2.1.1748 äußert der König seine Erwartung, Gotter bald in Berlin begrüßen zu können. Die Zusammenkunft trat früher ein, als man erwarten durfte. Anlaß war der Tod des Herzogs von Weimar am 19.1.1748. Er hinterließ zwei unmündige Kinder, eine Tochter und den Erben August Constantin. Wegen der Vormundschaft für sie und der Verwaltung des Landes Sachsen-Weimar gerieten die Herzöge von Gotha, Meiningen und Saalfeld in heftigen Streit, der schließlich vom Kaiser als oberster Instanz entschieden werden mußte. Entsprechend einem Rat Friedrichs des Großen beauftragte der Herzog von Gotha den Grafen Gotter, bei den Erbauseinandersetzungen die gothaischen Interessen zu vertreten, weil dieser mit allen juristischen Winkelzügen am besten vertraut war. Diese Aufgabe führte den Grafen bereits im Februar 1748 nach Berlin, wo ihm erlaubt wurde, Gothas Ansprüche am Kaiserhof wahrzunehmen. Gotter mußte jedoch Friedrich II. versprechen, den nächsten Winter in Berlin zu verbringen.

Herzoglicher Erbstreit

Die Verhandlungen in Wien zogen sich lange hin. In einem Brief an den Herzog von Gotha läßt Gotter anklingen, wie ungern er sich einer Sache angenommen habe, welche wie die der Vormundschaft von Weimar mit so viel Ärgernissen und Verdruß begleitet sei. Beim Streit der thüringischen Herzogtümer waren die Sympathien des Kaiserhofes nicht auf der Seite Gothas, weil sich der Herzog und seine Gemahlin mehr als Freunde Preußens denn als solche Österreichs gezeigt hatten. Die Herzogin bat Gotter in einem sehr liebenswürdigen Brief, sich in Berlin für Gotha zu verwenden. Das hat der Graf getan, und die Fürsprache Friedrichs des Großen hat viel dazu beigetragen, daß eine Lösung gefunden wurde, die alle Seiten befriedigte. Doch man hatte außer Friedrich II. noch einen anderen Verbündeten bemühen müssen, den Prinzen von Wales, einen Schwager des Herzogpaares. Dieser schrieb am 8.7.1749 aus England: "Mein Systema also ist der Gottersche Plan mit der Addition des Jenaer Districts. Auf dem Fuß will ich helfen, und zwar nach all meiner Kraft und Vermögen. Weiter kann ich nicht gehen."
Mit soviel Beistand kam schließlich im September 1749 ein Vergleich zustande, an dem Gotter wesentlichen Anteil hatte. Gotha erhielt die Vormundschaft über den Prinzen und die Verwaltung des Landesteils Eisenach, Saalfeld die Vormundschaft über die Prinzessin und die Verwaltung des Landesteils Weimar.
Im Oktober 1749 weilt Gotter in Stuttgart. Die Akten des Hof-Marschallamtes enthalten eine Notiz, daß der Graf vom 11. - 17. Oktober dort war. Der Grund seines Besuchs ist nicht angegeben. Wahrscheinlich machte er auf der Rückreise von den Verhandlungen in Wien einen Abstecher in die württembergische Landeshauptstadt, um persönliche Dinge zu regeln, war er doch immer noch Obervogt verschiedener Ämter des Landes.
Inzwischen mußte Gotter klargeworden sein, daß er Schloß und Gut Molsdorf samt seinem großen Dienerstab nicht länger halten konnte. Um aus allen Geldverlegenheiten herauszukommen, verkaufte er den Besitz - allerdings mit vielen Vorbehalten - an den württembergischen Geheimrat, Burggrafen und Erb-Oberstallmeister Freiherrn Röder von Schwende. Die Männer kannten sich seit meh-

Molsdorf ist nicht mehr zu halten

reren Jahren. Röder war im Lande sehr beliebt, vor allem, seit er sich nach dem Tode des Herzogs Karl Alexander bei der Verhaftung von dessen Finanzberater Joseph Süß Oppenheimer hervorgetan hatte.

Im Archiv der evangelischen Kirchengemeinde Molsdorf befindet sich ein Auszug aus dem Kaufvertrag, in dem Gotter seine Gründe für den Verkauf niedergelegt hat. Zunächst führte er aus, daß er unvermählt sei und deshalb keine Leibes-Lehns-Erben habe. Trotzdem sei von ihm sehr viel für das Gut aufgewendet worden, weil es immer seine Absicht gewesen sei, daß der Besitz nach seinem Ableben in demselben guten Zustand erhalten bliebe, wie er selbst es veranlassen würde. Hierzu habe er keinen anständigeren Käufer auszusuchen gewußt, als seinen langjährig bewährten, guten Freund Heinrich Reinhard Freiherrn Röder von Schwende. Ihm gönne er es umso lieber, weil er sich wegen des freien Wohnsitzes von Gotter auf dem Gut, der beliebigen Benutzung des Gartens und der übrigen Bedingungen so freundschaftlich gezeigt habe, daß daraus ein ständig gutes Einvernehmen zu erhoffen und kein Zwist zu befürchten sei. Die danach folgenden Vertragsbestimmungen waren so verklausuliert, daß sie Gotters Spitzfindigkeit und diplomatischem Geschick alle Ehre machten, jedoch bald zu Meinungsverschiedenheiten mit dem Käufer führten. Gotter hatte sich nämlich ausbedungen, auf Lebenszeit Haus, Möbel und Garten frei benutzen zu dürfen. Das örtliche Gericht sollte weiter in seinem Namen verwaltet und er als Patronatsherr der Kirche in das öffentliche Gebet aufgenommen werden. Nach diesen Bestimmungen wollte Gotter dem Käufer kein ständiges Wohnrecht, sondern nur ein Gastrecht einräumen. Der Baron von Röder konnte dieser Regelung getrost zustimmen, da er in Württemberg wohnte und keinen Anlaß hatte, von dort wegzuziehen.

Molsdorf wird verkauft

Aus den Kammerakten Molsdorf im Landesarchiv Gotha geht hervor, wie sich die Dinge weiter entwickelten. Im August 1749 schlossen die Parteien zunächst einen Erbkaufvertrag über die vorhandenen Möbel, für die Gotter 4.000 Taler erhielt. Im Preis nicht einbegriffen waren Schmuckstücke, alles Silberzeug, Dosen, Uhren, Kleidungsstücke und Leibwäsche, Pferde, Wagen und Geschirre, alle Weine und sämtliche Briefschaften, sofern sie nicht die Gutswirtschaft betrafen. Eine neuerliche Übereinkunft wurde im Oktober 1751 notwendig. Röder war in diesem Jahr beim württembergischen Hof in Ungnade gefallen und hatte sich deshalb nach Molsdorf zurückgezogen. Man einigte sich, daß Röder die Geschäftsleitung für das Gut übernahm, wofür Gotter bis zu seinem Tode jährlich 2.400 Taler erhalten sollte. Weiter wurde vereinbart, daß von einer Summe von 25.000 Taler, die nach Gotters Tod für dessen Erben ausgesetzt waren, sofort 4.000 Taler an den Grafen zu zahlen seien. Auch sollte der Graf bei der öffentlichen Fürbitte genannt und seine Unterschrift bei gerichtlichen Handlungen beibehalten werden. Für die Aufenthalte in Molsdorf bedingte sich Gotter einige anständige Zimmer mit Möbeln und Tafelzeug aus, eine Garderobe für den Kammerdiener, im Sommer freie Feuerung für Tee und Kaffee, die Mitbenutzung der Bibliothek und endlich das Bereithalten von vier Pferden und einer Kutsche. Doch nicht genug damit! Bereits einen Monat später, im November 1751, folgte eine weitere Übereinkunft. Gotter hatte die Absicht, nach Wiederherstellung seiner Gesundheit ganz in Molsdorf zu leben, sich zu pflegen und aller häuslichen Sorgen enthoben zu sein. Dabei wollte er vom Baron Röder einmal am Tage mit sieben Speisen und am Abend mit einigen Tellern bewirtet werden. Weiter behielt sich Gotter vor, zweimal wöchentlich auf seinem Zimmer allein zu essen, wozu sechs Schüsseln zu stellen waren. Auch der Kammerdiener und seine Frau sollten von Röder verpflegt werden und dazu den gewöhnlichen Tischtrunk erhalten. Für dies alles erklärte sich der Graf bereit, wöchentlich 100 Gulden zu zahlen. Darüber hinaus wurden genaue Vereinbarungen über Gotters Wohnung sowohl im Sommer wie im Winter getroffen.

Daß sich Gotter ernsthaft mit dem Gedanken trug, seinen Lebensabend in Molsdorf zu beschließen, geht auch daraus hervor, daß er 1753 am Zusammenfluß von Gera und Apfelstädt im Mariental eine schöne, steinerne Brücke bauen ließ. Wie wäre es sonst zu verstehen, daß er den Hauptanteil der Baukosten trug, während die Regierung in Gotha nur 200 Taler und die Gemeinde Molsdorf 50 Gulden beisteuerte? Das prächtige Bauwerk, das an seiner Westseite das Gottersche Wappen trägt, diente noch fast zwei Jahrzehnte nach dem 2. Weltkrieg dem öffentlichen Verkehr, bis 1964 ein Steinwurf daneben eine tragfähigere Brücke errichtet wurde. Seither träumt ihre Vorgängerin unter den Pappeln des Talgrundes von verflossenen Zeiten und erfreut sich des öffentlichen Denkmalschutzes.

Die Regelungen zwischen Gotter und dem Freiherrn von Röder wurden so ausführlich wiedergegeben, weil sie besser als alles andere den Hang des Grafen zu leiblichem Wohlergehen kennzeichnen. Nichts war für ihn schmerzlicher, als auf die Dinge verzichten zu müssen, die sein Lebensinhalt waren: gut essen, trinken, wohnen, sich kleiden und dazu noch einen Anstrich biederer Rechtschaffenheit zu geben. Oder kann man den immer wiederkehrenden Wunsch, im Kirchengebet öffentlich genannt zu werden, anders auslegen? Gotter war alles andere als religiös. Als Mode der Zeit hatte sich überall Freigeisterei eingebürgert. Mit der Hinwendung zu französischer Literatur und Lebensauffassung hatte sich das Herz auch deren Zweifeln an Gott und der Kirche eröffnet. So durfte es nicht verwundern, daß der gothaische Hofprediger Cyprian die Herzogin Luise Dorothee eine erhabene Sünderin nannte. Die Philosophie hatte es mit sich gebracht, daß man nicht mehr an den Teufel glaubte. Aber wo kein Teufel ist, kann auch kein Gott sein, war die logische Folge. Gotters Unkirchlichkeit war bekannt. Sie erregte das Mißfallen der Geistlichen. Nicht allzuoft wird der Kirchenpatron die noch heute vorhandene Steintreppe zwischen Schloß und Gotteshaus erklommen und dieses von der Seite her betreten haben, um aus seiner Loge auf der Empore die Predigt des Pfarrers anzuhören. Einer der Seelsorger, der vierundzwanzigjährige Substitut Stölzel, hatte kurz nach seinem Amtsantritt im Jahre 1750 den Mut, den Grafen daraufhin anzusprechen. Er forderte ihn auf, am heiligen Abendmahl teilzunehmen und dadurch der Gemeinde ein gutes Beispiel zu geben. Gotter versprach Besserung. Einige Tage danach wurde um Mitternacht die Glocke an der Tür des Pfarrhauses so heftig geläutet, daß der junge Geistliche aus dem Bette aufschreckte und nichts anderes dachte, als daß im Dorfe Feuer ausgebrochen sei. Als er aus dem Fenster sah, erblickte er einen Diener des Grafen, der ihn aufforderte, sofort ins Schloß zu kommen, weil Gotter das heilige Abendmahl empfangen wolle. Doch Stölzel ließ sich nicht ins Bockshorn jagen. Er lasse dem Grafen seinen untertänigsten Respekt vermelden, sich damit aber zugleich entschuldigen, trug er dem Diener auf. Er könne den Befehl unmöglich sofort befolgen, da er ein junger Geistlicher, Gotter aber ein alter Sünder sei, sie also einer längeren Vorbereitung bedürften. Der Graf nahm Stölzel die Antwort nicht übel. Am nächsten Morgen lud er ihn zum Mittagessen ein, bewahrte ihm sein Wohlwollen und verhalf ihm 1753 zur Stelle eines Hofdiakons in Gotha. Das gute Verhältnis zwischen den zwei Männern geht auch daraus hervor, daß der Graf bei einer Tochter des Pfarrers Taufzeuge war. Das Kind erhielt Gotters Vornamen Gustav in der weiblichen Form "Gustaphina".

Gotter – der Freigeist

Philosophie und Religion

Wenn Gotter die Kirche besuchte, schrieb er gewöhnlich hinterher eine kurze

Kritik der Predigt. Diese schickte er dem Pfarrer, vergaß aber nie den Zusatz: "Übrigens ist Er heute zur Tafel befohlen." Für den Substitut Stölzel ebnete Gotters Fürsprache eine glänzende Laufbahn. Nach langjähriger Tätigkeit als Hofdiakon wurde er schließlich Generalsuperintendent zu Gotha. Vom Jahre 1750 an scheint Gotter abwechselnd in Molsdorf und Berlin gelebt zu haben. Ein Brief König Friedrichs II. vom 2.12.1749 läßt erkennen, daß der Graf ihn gefragt hat, ob er nach Berlin kommen dürfe. Die Antwort lautete: "Mein Herr, Sie dürfen überzeugt sein, daß ich Sie stets mit dem größten Vergnügen sehe. Wenn jemand, wie Sie, überall Zerstreuung, Geist und jene liebenswerte Freude hinträgt, die den Reiz guter Gesellschaft ausmacht, so braucht man keine Erlaubnis, um sich vorzustellen, sondern darf des Empfangs sicher sein, den man verdient. Mit diesen Empfindungen erwarte ich Sie, nicht, wie Horaz sagt, mit den Frühlingswinden und der Schwalbe, sondern mit dem Reife und ersten Schnee."

Heinrich von Preußen in Molsdorf

Am 16. August 1751 stattete Prinz Heinrich von Preußen dem Grafen Gotter in Molsdorf einen Besuch ab. Er kam von Bayreuth, wo seine älteste Schwester mit dem Markgrafen verheiratet war. Er übernachtete in Molsdorf und reiste am nächsten Tag nach Gotha weiter, wo er an den folgenden Tagen Empfänge, Bälle, Festmahle und ein Brillantfeuerwerk über sich ergehen lassen mußte.

Formey erwähnt in seinen Erinnerungen einen Briefwechsel mit Gotter in den Monaten Februar und März 1752, bei dem es um den Austausch von Büchern ging. Hauptgegenstand der Erörterungen war das damals gerade erschienene Werk Voltaires "Das Zeitalter Ludwigs XIV.", für das man in Gotha 1 Taler mehr als in Berlin bezahlen mußte. Aus dieser Korrespondenz geht hervor, daß Gotter mit den Bekannten in Berlin in ständiger Verbindung blieb und über alle Vorkommnisse Bescheid wußte.

Gotters Gesundheitszustand hatte sich in all den Jahren nicht gebessert. Seine Ärzte wußten schließlich keinen anderen Rat, als ihm eine Kur in Montpellier in Südfrankreich zu empfehlen. Am 25. Februar 1752 schrieb er an König Friedrich II.: "Da die Ärzte mit ihrem Latein am Ende sind und demzufolge einen mehrmonatigen Aufenthalt zu Montpellier als letzte Zuflucht und Hilfe für die hartnäckigen und verzweifelten Übel betrachten, welche ich erdulden muß, so glaube ich, daß es besser ist, den Erfolg eines solchen Rates zu wagen."

Kuraufenthalt in Montpellier

Man muß sich fragen, warum Gotter nach Südfrankreich reiste, um sich dort einer Kur zu unterziehen, wo doch auch in Deutschland berühmte Bäder vorhanden waren. Sicher trug dazu der ausgezeichnete Ruf bei, dessen sich die medizinische Fakultät von Montpelliers Universität seit Jahrhunderten erfreute. Auch des milden Klimas wegen wurde der Ort den Heilung Suchenden empfohlen, und Gotter hat diesen Vorzug in seinen Briefen erwähnt. Sollte indessen noch ein anderer Grund für die Wahl gerade dieser Stadt ausschlaggebend gewesen sein? Es ist nämlich überliefert, daß Montpellier scherzhaft Mahomeds Paradies genannt wurde, weil dort mehr als an anderen Orten Frankreichs, ja Europas, eine große Menge schöner, geschickter, verständiger und schwatzhafter Frauen anzutreffen war. Für Gotters Wahl könnte das von Gewicht gewesen sein. Im April 1752 trat Gotter die Reise in den Süden an. Die Briefe aus der Zeit seines Aufenthaltes in Montpellier sowohl von ihm, wie auch an ihn, geben Einblick in den Ablauf und Erfolg der Kur und in Gotters Leben als Badegast. So schrieb Friedrich der Große am 6.1.1753 aus Berlin: "Herr Graf von Gotter, da ich von Ihnen lange Zeit keine Nachrichten erhalten habe, war ich Ihretwegen wirklich unruhig, bis man mir den Brief brachte, den Sie mir am 15. des vergangenen Monats geschrieben haben. Das schönste Geschenk, das Sie mir haben machen

können, ist, mich wissen zu lassen, daß Sie wegen des gegenwärtigen Standes Ihrer Gesundheit zufrieden sind..."
Gotter hatte also dem König berichtet, wie gut er sich erholte. Einen ähnlichen Brief muß er auch an die Herzogin Luise Dorothee nach Gotha gesandt haben, denn diese antwortete ihm Anfang Januar 1753 in einem sehr liebenswürdigen Schreiben. Es schloß mit den Worten: "Kommen Sie bald zurück in unsere Gefilde, wo Sie wie der Messias der Juden erwartet werden." Freilich hatte es die Herzogin auch nicht an gelinden Vorwürfen fehlen lassen, daß sich Gotter so lange in Schweigen gehüllt hatte. In seiner Antwort nannte er hierfür die Gründe. Es wäre nur eine ständige Wiederholung wenig interessanter Dinge gewesen, die er von einem Posttag zum anderen hätte melden können, zum Beispiel daß seine Gesundheit hin und her schwanke; daß der Erfolg seiner Reise höchst ungewiß und trügerisch sei, so daß er die Zeit zwischen Hoffen und Bangen verbringe; daß er so wenig schlafe wie ein Nachtwächter, so daß er im Hause wie in der Nachbarschaft als Schlafwandler gelte; daß er bis Mitternacht lese und während der Nacht Volkslieder sänge; daß er wie vier äße und faul sei, mit einem Wort, daß er das Leben eines sechzigjährigen und weisen Mannes führe, das heißt ein wenig langweilig und zurückgezogen.
Ganz so zurückgezogen, wie er der Herzogin mitteilte, scheint Gotter in Montpellier jedoch nicht gelebt zu haben. Im Herbst 1753 erzählte er in Berlin, daß er während seiner Kur auf einer dreitägigen Reise Schloß Grignan besuchte, wo Madame de Sévigné gewohnt hatte und gestorben war. Dabei äußerte er, daß die Briefe dieser Frau ihres Stiles wegen seine Lieblingslektüre seien. Sein Glaubensbekenntnis jedoch sei Pope und Horaz seine Lebensregel.
Das auf Schönwetter angestiegene Barometer von Gotters Genesung hatte nicht getrogen. Die Kur in Montpellier schlug unerwartet gut an. Im Spätsommer des Jahres 1753 kehrte der Graf guter Dinge nach Berlin zurück, um dort wieder in den aktiven Staatsdienst einzutreten.

NEUE AUFGABEN IN BERLIN UND LEBENSAUSKLANG

Am 25. Juli 1753 hatte sich Gotter bei einer Kindstaufe in Molsdorf noch vertreten lassen. Ende August war er in Berlin. Graf Lehndorff berichtete in seinem Tagebuch unter dem 28.8. von einem Diner: "Die Unterhaltung ist sehr ernst und interessant. Plötzlich läßt sich Gotter anmelden, kommt herein mit seinem gewöhnlichen Schreien und redet nur vom Tafeln, vom Essen und Trinken. Er zeigt mir in der Tat den Unterschied, der zwischen einem verständigen Manne und einem besteht, der im Leben nur das Vergnügen sucht. Das will ich bei einem jungen Menschen entschuldigen, aber bei einem Greise - schrecklich!" Am 31. August gab Gotter selbst ein Essen, zu dem auch Formey, der Sekretär der Akademie der Wissenschaften, geladen war.

Das veränderte Berlin

Während der Jahre, in denen sich Gotter nach Molsdorf zurückgezogen hatte, waren in Berlin, seiner Umgebung, in Preußen wie in ganz Mitteleuropa große Veränderungen vor sich gegangen. Zwar ruhten die Waffen; doch unter der scheinbar stillen Oberfläche brodelte der Unmut der Völker. Der Friede von 1745 hatte Friedrich dem Großen Zeit gegeben, sich dem inneren Aufbau seines Landes zuzuwenden. Der Minister Cocceji, ein erfahrener Jurist, unterzog die Rechts- und Prozeßordnung für Preußen einer gründlichen Neugestaltung. Sein

Gesetzeswerk, das sogenannte Corpus Fridericianum, fand internationale Anerkennung. Auch aus Gotha kam Lob, denn Graf Gotter schrieb dem Minister einen beistimmenden Brief. Kanalbauten trugen dazu bei, den Verkehr zu fördern. Um Unland zu kultivieren, wurden ausländische Bauern angesiedelt, und kundige Arbeitskräfte wurden herangezogen, um mit ihnen neue Industrien zu gründen.

Die Bemühungen Friedrichs II. um Kunst und Wissenschaft wurden schon erwähnt. Als Gotter 1753 Berlin wiedersah, hatte die Stadt ein anderes Gesicht bekommen. Das Opernhaus, die Akademie, die neue Domkirche und das Palais des Prinzen Heinrich verliehen ihr endlich das Gepräge einer europäischen Hauptstadt. Wo sich früher Wälle hinzogen, waren neue Stadtviertel emporgewachsen. Um den Sand zu bändigen, hatte man Bäume gepflanzt, und der Tiergarten, bisher mehr Viehweide und Jagdrevier, verwandelte sich zusehends in einen gepflegten Park. Doch der König wohnte nicht in Berlin. Er hielt sich meistens in Potsdam auf, wo ihm Knobelsdorff nach seinen Entwürfen von 1745-1747 ein Rokokoschloß errichtet hatte, das unter dem Namen "Sanssouci" in aller Welt bekannt wurde. Dort versammelte Friedrich II. um sich einen Schwarm französischer Intellektueller, die ihm das boten, was er am meisten schätzte: eine heitere Tafelrunde mit geistreichen Gesprächen und funkelnden Worten, die wie scharfe Rapiere aufeinander klirrten. Am bekanntesten von diesen Männern blieb Voltaire. Er galt als der geistige Führer der Aufklärung und verlieh den Gedanken der Zeit ihre klare, einprägsame Form. Der König holte den von aller Welt bewunderten Schriftsteller an seinen Hof. Im Juli 1750 traf er in Berlin ein, wo er wie ein Fürst empfangen und sogleich mit einem Jahresgehalt von 6.000 Taler ausgestattet wurde. Doch der Mensch Voltaire hielt nicht, was seine Feder versprochen hatte. Mit zweifelhaften Geldgeschäften, durch Eifersüchteleien und mit sarkastischen Angriffen auf andere Vertraute Friedrichs verscherzte er sich die Gunst des Königs. Im März 1753 kam es zum Bruch, so daß Voltaire Berlin verlassen mußte. Er reiste zunächst nach Gotha, wo ihm die Herzogin Luise Dorothee als glühende Verehrerin seiner Werke Unterkunft gewährte.

Gotter kam nach Berlin zurück, als die gesellschaftliche Atmosphäre durch die geschilderten Vorgänge erheblich gestört war. Da glaubte er, Friedrich II. als Ersatz für Voltaire einen französischen Offizier vorschlagen zu können, den er auf der Reise nach Montpellier in einem Posthause, nach einer anderen Quelle auf einem Postschiff der Rhone kennengelernt hatte. Es war dies ein Chevalier de Masson, dessen Gespräche mit ihm Gotter so unterhaltsam empfunden hatte, daß er ihn dem König als eine vielversprechende Erwerbung für die Potsdamer Tafelrunde empfahl. Friedrich II. vertraute Gotters Urteil. Er beauftragte ihn, den Chevalier zu verpflichten. Im März 1754 traf dieser in Berlin ein. Doch schon bei den ersten Audienzen zeigte sich, daß Masson nicht die Erwartungen erfüllte, die der König in ihn setzte. Seine törichten Reden erregten allgemeine Heiterkeit, so daß der Baron von Pöllnitz dem neben ihm sitzenden Gotter ins Ohr flüsterte: "Das, Herr Graf, ist einer von den schönen Geistern und großen Gelehrten, die ein Reisender zuweilen auf Postschiffen antrifft." Wahrscheinlich war der Chevalier ein ebenso oberflächlicher Schwätzer, wie es Gotter selbst war. Was der Graf als geistreiche Unterhaltung angesehen hatte, konnte den feineren und tiefer gehenden Ansprüchen des Königs nicht genügen. Friedrich II. ließ den unbrauchbaren Gesellschafter fallen, zahlte ihm jedoch noch 20 Jahre lang eine Pension von 1.000 Taler.

Chevalier de Masson

Ebensowenig erfolgreich wie die Empfehlung Massons war Gotters Versuch,

Friedrich II. und Voltaire wieder einander zuzuführen. Die Herzogin von Gotha veranlaßte Voltaire, an Gotter einen Brief zu schreiben und darin zum Ausdruck zu bringen, daß er nur aus Zuneigung zum König so tadelnswert gehandelt habe. Dieses Schreiben sollte Gotter dem König als Beweis für Voltaires Einsicht vorlegen. Doch was Gotter empfing, war ein Machwerk von Spott und Hohn, das als Grundlage für eine Aussöhnung völlig ungeeignet war. So erhielt Gotter von Friedrich II. denn auch eine kühle Ablehnung. Dieser konnte nicht vergessen, daß Voltaire mit den Angriffen auf andere Vertraute ihn selbst beleidigt hatte.
In Berlin wohnte Gotter zunächst im Eppertschen Hause auf dem Friedrichswerder. Graf Lehndorff, Kammerherr der Königin Christine, nennt ihn von September bis Dezember 1753 wiederholt in seinem Tagebuch. Es sind kritische und zum Teil abfällige Bemerkungen, die der sechsundzwanzigjährige Kammerherr niederschrieb. An einer Stelle heißt es: "Gotter ist da, das genügt immer, um ein Essen voll zu machen"; an einer anderen: "Alle Minister und Ordensritter sind da, auch Gotter, der fortwährend Schweinereien vorbringt." Eine Notiz ähnlichen Inhalts gibt es auch von einem Souper, wo Gotter eine ausgezeichnete Rolle spielte; man hatte dazu nämlich alle Freudenmädchen der Stadt eingeladen. Bei anderer Gelegenheit vergleicht Lehndorff den Grafen Gotter mit einem dicken und fetten Generalsteuerpächter, der immer an Vergnügen denke. Zugleich gibt der Kammerherr zu, daß es nichts Amüsanteres gäbe als den Grafen Gotter. Sein Mund stehe nie still. Er treibe Dinge, die sich kein anderer erlauben dürfe, während bei ihm alles hingenommen würde. Doch Lehndorff weiß auch Positives zu berichten. Als Gotter ihm durch einen Eilboten die Ankunft einer hochgestellten Persönlichkeit mitteilen läßt, urteilt er: "Er ist wirklich ein Mann, der sich nicht verleugnet, wenn es sich darum handelt, jemand einen Dienst zu erweisen."

Gotter als ein amüsanter und närrischer Gesellschafter

Die Charakterisierung des Lebemannes Gotter durch den jungen Kammerherrn der Königin von Preußen bestätigt in allen Punkten das Bild des Genußmenschen, wie wir es seit den Wiener Tagen kennen. Wir erfahren, wie die Zeitgenossen den Grafen einschätzten. Trotz aller Würde, die ihm seine Ämter und Erfolge verliehen, war er doch eine Art Hofnarr, überall wohlgelitten, aber zugleich auch belächelt. Er konnte sich Dinge leisten, die man einem anderen nie verziehen hätte. Doch das ist bei Personen, die den Rahmen des Alltäglichen sprengen, oft der Fall, und der Graf gehörte zu diesen. Selbst Friedrich der Große muß von dem Phänomen Gotter beeindruckt gewesen sein. Nicht allein, daß er ihn nach seiner Ankunft in Berlin mit hohen Ämtern und wichtigen Aufgaben betraute. Mehr als manches andere für das Interesse des Königs am Menschen Gotter spricht die Tatsache, daß er ihm eines seiner poetischen Werke widmete, die "Epistel an den Grafen Gotter oder wievieler Arbeiten es bedarf, um Epikureer zufrieden zu stellen".

"Epistel an den Grafen Gotter"

So genau die Standpauke des philosophierenden Monarchen auf Gotter auch zutraf, so zwiespältig ist sie verschiedenenorts doch aufgenommen worden. Formey schrieb in seinen Erinnerungen: "In den Dichtungen des Königs gibt es eine Epistel, die an Gotter gerichtet ist und die wie ein unaufhörlicher Spott über sein weichliches und epikureeisches Leben klingt. Er war jedoch denen, die ihn unter diesem Gesichtspunkt betrachteten, sowohl an Wissen wie an Tatkraft weit überlegen. Der Monarch trieb die Raffinessen in der Kunst des Apicius vielleicht noch weiter als der Minister." Auch Friedrich Wilhelm Gotter, der Neffe des Grafen und Goethes Freund aus dessen Wetzlarer Zeit, brach für den Onkel eine Lanze. "Das Leben des Grafen Gotter", schrieb er, "ist ohne Zweifel seine beste Schutzrede gegen diese etwas starke poetische Ironie. Sonderbar ist es aber doch, daß er, wie ich von sicherer Hand weiß, von jener Epistel zuvor keine Zeile gesehen hatte, bis ihm der König selbst ein Exemplar zuschickte. War bei dieser Verheimlichung der Dichter sich eines dem helldenkenden Jünger des Horaz angetanen Unrechts bewußt? Dem Besungenen, der über die Jahre rosenfarbener Phantasie hinaus war, tat der Spott weh. Indessen ergriff er die einzige Partei, die ein Mann von Verstand unter diesen Umständen nehmen konnte. Er versteckte seine Empfindlichkeit hinter Scherz. Er dankte der königlichen Muse in einem sehr launigen Briefe, daß sie, zu seinem unbeschreiblichen Erstaunen, geruht hätte, einen alten, abgelebten, lebendig-toten Mann wieder aus der Dunkelheit hervorzuziehen und ihm am Rand der Sterblichkeit ein so herrliches Unsterblichkeitsdiplom auszufertigen, in dessen Anerkennung die Nachwelt ihn wenigstens als *ein Schwein von Epikurs verrufener Herde* unmittelbar zwischen des großen Friedrichs Tischgenossen und seinen Schoßhunden klassifizieren würde."

Gotters Leistungen als Generalpostmeister

Am Ende des Jahres 1753 trat Gotter wieder in alle Rechte ein, die er 1745 beim Ausscheiden aus dem Dienst aufgegeben hatte. In den Veröffentlichungen über die Begebenheiten am preußischen Hofe stand zu lesen, daß der Graf nicht nur zum Generalpostmeister, sondern auch zu einem der 5 dirigierenden Minister beim General-Ober-Finanz-, Kriegs- und Domänendirektorium ernannt wurde und dort am 13.12.1753 seinen Platz einnahm. Zwei Jahre später wurde berichtet, daß er diesem Kollegium als Vizepräsident vorstand und auch wieder seinen Posten als Kurator der Akademie der Wissenschaften bekleidete. Während die Aufgaben Gotters als Generalpostmeister und beim Generaldirektorium eine Fülle von Arbeit mit sich brachten, waren die Posten des Oberhofmarschalls und des Kurators Ehrenämter ohne Bedeutung. Die Geschäfte der Akademie der Wissenschaften führten der Präsident und sein Sekretär. Die Folge war, daß beim Ausscheiden eines Kurators dessen Stelle nicht mehr besetzt wurde. Nicht viel anders verhielt es sich mit dem Amt des Oberhofmarschalls.

Das Generalpostamt

Die preußische Post unterstand dem Finanzressort im Generaldirektorium, dessen Minister zugleich Generalpostmeister war. Im Lauf der Jahre hatte sich die Postverwaltung jedoch weitgehend vom Finanzressort gelöst. Das General-Postamt erlangte mit der Zeit den Charakter einer eigenen, oberen Postverwaltungsbehörde. Diese Stellung legte schließlich ein königliches Dekret auf Dauer fest. Das preußische Postwesen war bei Gotters Dienstantritt als Generalpostmeister erstaunlich gut organisiert. Es bestanden regelmäßige Postverbindungen nach allen Landesteilen und ins benachbarte Ausland. Im Verzeichnis der von Berlin abgehenden und dort ankommenden Postwagen ist eine Fülle von Ziel- und Abgangsorten mit den Abfahrts- und Ankunftszeiten aufgeführt, wobei so entfernt liegende Städte wie Amsterdam, Bern, Genf, Turin und Genua genannt sind. Wo an den Landesgrenzen die Zuständigkeit der eigenen Verwaltung endete, waren mit den benachbarten Postbehörden Vereinbarungen über den Weitertransport der Postsachen getroffen. Innerhalb des Reichsgebietes verfügte die Reichspost unter der Regie der Fürsten von Thurn und Taxis und die preußische Post über die größten Postanstalten. Ein 1723 in Wesel geschlossener Vertrag regelte das gegenseitige Verhältnis und begründete das seitherige gute Einvernehmen.

Gotter hat freimütig bekannt, daß es ihm bei manchen Entscheidungen oft genug an Geschäftserfahrung und Sachkunde im Postwesen gefehlt habe. Diese bemerkenswerte Selbsterkenntnis führte dazu, daß Gotter befahl, bei der Auswahl und Ausbildung des Nachwuchses größte Sorgfalt zu üben und keinen Postschreiber ohne Genehmigung des General-Postamtes in den Dienst aufzunehmen. Trotz der von ihm selbst zugegebenen, persönlichen Unzulänglichkeit im Postwesen lieferte Gotter schon nach kurzer Zeit auch auf diesem Gebiet einen Beweis seiner vielseitigen Talente. "Herr von Gotter führt einen Eilwagen ein, der täglich nach Potsdam geht und in dem man an einem Tage ganz bequem hin und zurück fahren kann und dazu für 20 Groschen", schrieb Graf Lehndorff unter dem 6. April 1754 in sein Tagebuch. Offiziell hatte der Betrieb dieser "Journaliere" (d.h. täglichen Fahrt) schon am 2. April begonnen. Sie erregte damals großes Aufsehen, war sie doch etwas grundlegend Neues. Wie aber war es dazu gekommen?

Die "Journaliere" zwischen Berlin und Potsdam

Bis ins 17. Jahrhundert war Potsdam ein Bauern- und Fischerstädtchen, das abseits vom Verkehr ein beschauliches Dasein fristete. Erst als der Ort unter dem Großen Kurfürsten zur Residenz erhoben und der Postkurs nach Cleve über ihn geleitet wurde, begann er aufzublühen. Bald wuchs die Zahl der Passagiere nach und von Berlin so an, daß die Linienposten, die zudem nicht täglich verkehrten, die Reisenden von und nach Potsdam nicht mehr aufnehmen konnten. Die Folge war, daß diese eine teure Extrapost mieten oder sich privaten Fuhrleuten anvertrauen mußten. Für diese entwickelten sich die Fahrten zu einem gewinnbringenden Geschäft. Graf Gotter, der neuernannte Generalpostmeister, fand im Handumdrehen eine Lösung zum Nutzen der preußischen Post und auch zum eigenen Vorteil. Kraft ihrer hoheitlichen Befugnisse sollte die Post die einträglichen Fahrten nach und von Potsdam selbst übernehmen. Zunächst ließ Gotter die Wirtschaftlichkeit der geplanten Postverbindung überprüfen. Das Ergebnis war erfolgversprechend. Sie schlug denn auch so gut ein, daß nach einigen Monaten ein zweiter Wagen eingesetzt werden konnte. Schon nach dem ersten Jahr ergab sich ein Reingewinn von 1.418 Taler. Der König war mit dem von Gotter berichteten Ergebnis so zufrieden, daß er ihm seine Anerkennung aussprach und ihm in Aussicht stellte, den Reingewinn mit ihm zu teilen. Doch auch die bei der Journaliere tätigen Postbeamten erhielten eine Gratifikation, um sie zu weiterem Einsatz anzuspornen.

Seit dem Jahre 1755 war Gotter zusätzlich mit den Angelegenheiten der Straßenverbesserung beauftragt. Das ist verständlich, weil vor allem der Postverkehr unter den schlechten Wegeverhältnissen zu leiden hatte. Doch wesentlich verbessert wurden die Wege auch unter Gotters Regie nicht. Dem König waren die Aufwendungen für ihren Ausbau zu hoch. So sehr er den Kanalbau förderte, so wenig hatte er für das Wegenetz übrig. Er soll einmal gesagt haben: "Je schlechter die Wege sind, desto länger müssen die Leute im Land bleiben und darin ihr Geld verzehren." So fuhr man noch jahrzehntelang auf Sandwegen von Dorf zu Dorf. Erst 1792-1795 wurden Berlin und Potsdam durch eine feste Straße verbunden.

Straßenverhältnisse und Postverkehr

Arbeit erwuchs Gotter auch bald aus dem Weseler Abkommen mit der Reichspost, als einige ihrer Ämter begannen, Postsendungen vertragswidrig über eigene Strecken zu leiten, statt sie den preußischen Poststellen zur Weiterbeförderung zu übergeben. Friedrich der Große schaltete sich selbst ein und ersuchte im April 1754 den Fürsten von Thurn und Taxis, für Abhilfe zu sorgen. Bereits im Juli traf ein Kommissar der Reichspost in Berlin ein, um die Unregelmäßigkeiten zu bereinigen und andere, offenstehende Punkte zu klären. Gotter nannte dem König u.a. als Verhandlungsziel, daß er möglichst viele Leistungen fremder Postverwaltungen auf Preußen übertragen wolle. Schon nach 10 Tagen konnte er melden, daß die Unterhandlungen erfolgreich abgeschlossen wurden. In der Kabinettsorder vom 26.7.1754 äußerte Friedrich II. seine volle Zufriedenheit mit dem erzielten Ergebnis und versicherte Gotter seiner "gnädigen Erkenntlichkeit". Zugleich genehmigte der König eine Reise Gotters zur Untersuchung des Postkurses nach Cleve und ließ ihm den Vorspann-Paß aushändigen. Auf dieser Reise traf der Graf erneut mit dem Bevollmächtigten des Fürsten von Thurn und Taxis zusammen, wobei die Zusatzvereinbarungen zum Vertrag von Wesel vollzogen wurden. So schienen alle Voraussetzungen für eine freundliche Zusammenarbeit der zwei Postverwaltungen erfüllt zu sein.

Eine königliche Rüge

Doch nicht nur Lob, auch Tadel hat Friedrich der Große ausgesprochen. So mußte Gotter eine Rüge einstecken, weil er und das General-Postamt die Einrichtung eines zweiten Arnheim'schen Postwagens nicht genügend begründet hatten, sondern nur unbestimmte Vermutungen äußerten, mit denen sich der König keinesfalls begnügen wollte.

Die Postbeamten erhielten neben ihrer Besoldung zum Teil Gewinnanteile aus den Porto- und anderen Einnahmen. Im Jahre 1755 beauftragte der König den Grafen, zu prüfen, ob die feste Besoldung bei den Postämtern nicht ganz aufgehoben und ausschließlich auf Gewinnanteile umgestellt werden solle. Gotter widerriet, weil jedes Postamt dann nur für das eigene Interesse arbeiten würde, was zu einem Verlust im Ganzen führen könne. Der König verlieh den Generalpostmeistern Geldbelohnungen entsprechend der Höhe der erzielten Überschüsse. Gotter bekam die Hälfte des Überschusses bei allen Postverbindungen, die er neu einrichtete. Doch er setzte sich auch für Zulagen an die Postmeister und Posthalter ein, obwohl sich dadurch der Überschuß und damit sein eigener Gewinn verringerte. Auch der König äußerte sich in einer Kabinettorder aus dem Jahre 1755 besorgt, daß beim Rückgang der Einnahmen und dem Anstieg der Ausgaben die Überschüsse und damit der Anteil zwischen ihm und Gotter gar klein ausfallen würde.

Wo gefeiert wird, da ist auch Gotter

Neben diesen Schilderungen zielbewußter und fruchtbringender Arbeit nehmen sich die Tagebuchaufzeichnungen des königlichen Kammerherrn Lehndorff wie Berichte aus einer anderen Welt aus. Man gewinnt den Eindruck, als habe die Hofgesellschaft nur im Sinn gehabt, von Fest zu Fest und von Diner zu Diner zu eilen. Lehndorff schreibt: "Ich kann nicht umhin, über diese Welt, in der ich mich Tag für Tag bewege, Betrachtungen anzustellen. Eine Gesellschaft macht die andere schlecht, jede glaubt, den guten Gesellschaftston und das richtige Mittel für eine angenehme Unterhaltung gefunden zu haben, und alle täuschen sich gründlich; denn wenn man die Langeweile und das Vergnügen,
das man dort findet, richtig berechnet, so wird man finden, daß erstere bedeutend überwiegt. "Immer wieder wird Gotter erwähnt, als Gast und auch als Wirt:
"Gotter singt. Welch Entzücken, einen Mann von 65 Jahren (Anmerkung: richtig wäre 61) für vier schreien zu hören. Der Ball dauert bis 5 Uhr. Graf Gotter, der da ist, legt sich um Mitternacht zu Bett und erscheint um 4 Uhr wieder, vollständig angezogen und frisiert." (Mai 1754): "Abends bin ich beim Grafen Gotter, der in die kleine Platen rasend verliebt ist... Wieder zu Hause bis zum Abend. Da entführt mich die kleine Marschall zum Souper bei Gotter." (28.6.1754): "Ich fahre mit der Platen und anderen Damen nach Fredersdorf... Gotter, mit dem zusammen ich fahre, glaubt unterwegs sterben zu müssen. Er bekommt so schrecklich den Schlucken, daß ich denke, er müsse seinen Geist aufgeben. Einen Augenblick danach singt er und plappert von jungen Mädchen, kurz, ich habe noch nie einen Mann wie den gesehen. Es ist mir immer ein Rätsel, wie dieser Mann sich ein solches Vermögen hat erwerben und aus dem Bürgerstande emporkommen können, um in der Wiener vornehmen Welt zu leben mit einem einzig auf Schwelgerei gerichteten Sinn, und was mich am meisten in Staunen setzt, ist, daß derselbe Mann sich der Gunst des Königs erfreut." (21.7.1754): "Graf Gotter gibt uns

abends einen Ball, und zwar auf hohen Befehl der kleinen Platen und der Marschall, in die er rasend verliebt ist. Er ist es indes nicht genug, um nicht zu merken, wie lächerlich er sich macht. Er erklärt uns nämlich, daß er wohl fühle, wie er die Musik bezahle, nach der andere tanzten." - (16.8.1754): "Ich fahre mit Frau v. Marschall...und dem Grafen Gotter nach Blumberg zu Frau v. Schulenburg. Graf Gotter scheint der bevorzugte Postillon dieser Damen zu sein. Je mehr ich diesen Mann beobachte, um so mehr überzeuge ich mich, daß alles vom Glück abhängt. Wenn ein anderer es so treiben würde wie er, würde er geradewegs ins Tollhaus spazieren, während dieser sein Glück gemacht hat."

DIE UNRUHIGEN LETZTEN JAHRE

Alltag der Berliner Gesellschaft

Aus dem Jahre 1755 enthält das Lehndorffsche Tagebuch nur wenige Angaben über Gotter, jedoch einige interessante Bemerkungen über den Alltag der Berliner Gesellschaft. Bei Lieberkühn, einem bekannten Arzt der damaligen Zeit, sah man der Sektion eines Schweines zu, das angeblich von allen Tieren die meiste Ähnlichkeit mit dem Menschen haben soll. Über die Geschichten, die bei einem Besuch auf dem Landgut des Staatsministers Podewils erzählt wurden, urteilt Lehndorff, daß die interessantesten und anekdotenreichsten die des Grafen Gotter waren. Vom König berichtet der Kammerherr, daß er sich äußerst wenig an den Lustbarkeiten des Karnevals beteiligte. Er sei immer mit seinen Studien beschäftigt und verließe kaum das Zimmer. Die jungen Leute seines Königreiches kenne er nicht, und er hielte sie, wie Gotter sagte, für dumm und geistlos. Im folgenden Jahr 1756 überstürzten sich die Ereignisse, und Gotter wurde voll in sie hineingezogen.

Die Friedensschlüsse des vorhergehenden Jahrzehnts, nämlich die von Dresden zwischen Preußen und Österreich sowie zwischen Preußen und Sachsen aus dem Jahre 1745, und der am 8.10.1748 in Aachen zwischen England, Österreich, Holland, Sardinien einerseits und Frankreich, Spanien, Genua, Modena andererseits, hatten keine Lösung der brennenden Zeitfragen gebracht. Der Friede hatte die endgültige Entscheidung zwischen England und Frankreich um den Besitz der Kolonien nur hinausgeschoben. Stellten die Mutterländer wegen allgemeiner Kriegsmüdigkeit den Kampf auch ein, so wurde er in Übersee von den einheimischen Kräften mit Erbitterung fortgeführt.

Umsturz der politischen Bündnisse

Seit 1746 war Österreich durch einen Defensivvertrag mit Rußland gegen Preußen verbündet. Ziel der russischen Politik war, Ostpreußen zu erobern. Noch von den ersten schlesischen Kriegen war Österreich mit England, Preußen mit Frankreich verbündet. Bei der unausbleiblichen Auseinandersetzung mit Frankreich mußte England befürchten, daß sein europäisches Landheer der französischen Militärmacht unterliegen würde. Es suchte nach weiterer Sicherheit und vertraute dabei am meisten auf das schlagkräftige Heer Preußens. Friedrich II., der die bedrohlichen Umtriebe Österreichs klar erkannte, griff gern nach der freundschaftlich ausgestreckten Hand. Im Januar 1756 kam es in Westminster zu einer Konvention mit dem Inhalt, daß England und Preußen einen Einmarsch fremder Truppen in Norddeutschland gemeinsam abwehren wollten. Dabei wurden Preußen Hilfsgelder versprochen. Frankreich sah sich durch diese Vereinbarung der einzigen Möglichkeit beraubt, England auf dem Kontinent wirksam zu treffen. Österreich fiel es leicht, die Empörung Frankreichs über den "Verrat" des Preußenkönigs zu seinen Gunsten auszunutzen. Um den Preis des Kriegsbündnisses fand sich Österreich bereit, auf die früher so hart umkämpften südlichen Niederlande, das heutige Belgien, zu verzichten, um Frankreich von dort aus einen Angriff auf England und Hannover, das Stammland seines Königs, zu ermöglichen. So kam es zu einem nie für möglich gehaltenen "Umsturz der Bündnisse". Es war Österreich gelungen, den alten Erbfeind Frankreich an sich zu binden, um gemeinsam mit Rußland den frechen Räuber aus Brandenburg anzugreifen.

Doch noch war Frieden, wenn es auch am politischen Horizont wetterleuchtete.

Rechtsstreit um Molsdorf

Am Anfang des Jahres 1756 starb der Freiherr Röder von Schwende, Gotters Nachfolger in Molsdorf. Mit seinen Erben geriet der Graf bald in ernstliche Schwierigkeiten. Als er Molsdorf besuchte, fand er die für ihn vorgesehenen Zimmer geflissentlich verschlossen. Auch das Mobiliar und Porzellan wurden ihm vorenthalten.

Bis zur gerichtlichen Entscheidung des Streitfalles mußte das Amt Ichtershausen eine einstweilige Verfügung treffen. Zur Unterstützung seines Prozesses wandte sich Gotter an Friedrich den Großen, und dieser bat die Herzogin Luise Dorothee, Gotter bei seinen begründeten Forderungen zu helfen. In dem Brief hieß es, Röder habe Gotters Vertrauen mißbraucht, und es müsse genaue Rechenschaft über die Verwaltung des Gutes abgelegt werden. Die schnelle Beendigung des Prozesses sei dringend notwendig, da er den Eifer und die Dienste Gotters nicht lange entbehren könne. Schließlich kam es zu einem neuen Pachtvertrag für das Gut. Er wurde bei einer jährlichen Pacht von 3.100 Taler auf eine Laufzeit von 6 Jahren befristet.

Das letzte Mal in Molsdorf

Es ist erstaunlich, mit welcher Hartnäckigkeit Gotter um seine Rechte in Molsdorf kämpfte. Es ist nicht anders zu erklären, als daß er sich von seiner Schöpfung, mit der er die Träume seines Lebens verband, innerlich nicht losreißen konnte. Aus welchem Grunde sonst hätte er mit den Röderschen Erben wegen des Baus einer neuen Küche streiten sollen? Sein Herz hing an den Besitztümern, deren Erhaltung er sich unvermindert angelegen sein ließ. Diesen Gefühlen hatte er schon beim Verkauf des Rittergutes Altenhof und im Kaufvertrag für Molsdorf Ausdruck verliehen. Doch wie viele Menschen vor und nach ihm mußte auch Gotter erfahren, daß alles Hoffen und Streben Stückwerk bleibt und seine Träume ins Nichts zerrannen.

Nach früheren Berichten soll der Ausbruch des Siebenjährigen Krieges Gotter gezwungen haben, seinen Besuch in Molsdorf abzubrechen und die Flucht zu ergreifen, als sich die Österreicher näherten. Schon drei Tage nach seiner Abreise habe eine Abteilung Husaren das ganze Schloß durchsucht. Diese Angaben sind bei eingehender Überprüfung nicht aufrechtzuerhalten.

Tatsache ist, daß Gotter schon am 20. Juli 1756 wieder in Berlin war und am 19. September dort ein Essen gab. Lehndorff schreibt unter diesem Datum: "Ich diniere bei Gotter. Der gute Mann scheint es vortrefflich eingerichtet zu haben, daß er lauter Leute vom Hof eingeladen hat; er müßte aber doch aus Erfahrung wissen, daß Leute von demselben Handwerk sich nur selten lieben."

Die preußischen Truppen marschierten am 29.8.1756 ohne Kriegserklärung in Sachsen ein, um als Präventivmaßnahme dem drohenden Angriff der feindlichen Allianz zu begegnen. Österreichische Husaren und Panduren verunsicherten Thüringen erst im Jahre 1757.

So ist es unwahrscheinlich, daß Gotter wegen des Kriegsausbruchs aus Molsdorf flüchten mußte.

Die Jahreswende 1756/1757 verbrachte Gotter in Berlin. Am 21.12. gab er ein lukullisches Mahl. "Die seltensten Sachen sind im Überfluß vorhanden", schreibt Graf Lehndorff in sein Tagebuch. Er sinnierte darüber nach, daß die Hofgesellschaft schwelge, während draußen auf der Straße das größte Elend herrsche. Doch Gotter plagten solche Überlegungen nicht. Schon am 2. Januar 1757 ließ er seinen Gästen wieder "ein des Lukullus würdiges Mahl" auftragen.

Luxus und Not in Berlin

Trotzdem hatte Graf Gotter schlechte Laune. Was ihn bedrückte, geht aus einem Brief hervor, den er an die Herzogin Luise Dorothee nach Gotha schickte. "Ich bin in großer Gefahr, 10.000 Taler zu verlieren", schrieb er, "auf welche ich vom König gerechnet hatte. Wenn ich sie verlieren sollte, weiß ich nicht, wie ich mich diesen Winter erwärmen soll." Seit Kriegsbeginn hatte Württemberg, das zur Allianz gegen Preußen gehörte, die Zahlung der Pension eingestellt, die Gotter bisher für seine Bemühungen aus der Gesandtschaftszeit in Wien erhalten hatte. Mit dem Verlust von 4.000 Taler, die auf das Konto des Herrn von Röder in Molsdorf gingen, waren das recht trübe Aussichten für das neue Jahr.

Nach der Überlieferung soll Gotter Molsdorf im Mai 1757 zum letzten Mal besucht haben. Um diese Zeit war Thüringen feindfrei. Die vereinigten Streitkräfte Frankreichs und des Reichsheeres stießen erst im Frühherbst dieses Jahres nach Mitteldeutschland vor. Gotter soll hoch zu Roß durch den zwischen Schloß und Gera gelegenen Waidgarten geritten sein, sich umgewandt und seinem Lieblingssitze zugerufen haben: "Leb wohl, du liebes Molsdorf! Du hast mich viel Geld gekostet."

Berlin war Etappe des Krieges, und man ließ es sich gut gehen. Graf Lehndorff berichtet darüber an mehreren Stellen des Tagebuchs. Unter dem Datum vom 15.10.1757 schreibt er: "Ich gehe zur Mittagstafel zum Grafen Gotter, wo ich alle Welt in äußerster Bestürzung finde. Fortwährend treffen Hiobsposten ein, daß der Feind in der nächsten Umgebung plündert und sengt... Als der Chevalier Masson, der sonderbare Kauz, ...unsere Bestürzung sieht, erklärt er uns mit großer Kaltblütigkeit: *Meine Herren, fürchten Sie nichts. Die Engländer sind in La Rochelle und werden Sie von aller Sorge befreien.*"

Früher als die Hauptstadt Berlin waren die westlichen Gebiete Preußens den Feindseligkeiten fremder Truppen ausgesetzt. Schon im März 1757 hatte man die Postkasse in Geldern beschlagnahmt. Dies blieb vorläufig ein Einzelfall, denn der französische Heerführer Prinz Soubise gestattete, daß die Post ihren Dienst unbehindert abwickelte. Doch der Fürst von Thurn und Taxis glaubte, nun sei die Gelegenheit gekommen, die preußische Post seiner Regie zu unterstellen. Auf sein Betreiben verfügte die österreichische Landesadministration die förmliche Inbesitznahme der preußischen Postämter durch die Reichspost. Dies war ein flagranter Verstoß gegen die Verfassung des Reichs. Doch Macht ging vor Recht! Auch Preußens Verbündete Hannover, Braunschweig und Hessen-Kassel traf das gleiche Unrecht. Der Fürst von Thurn und Taxis hatte die feste Absicht, die landesherrlichen Postanstalten für immer zu vernichten und überall wieder das Reichspostwesen herzustellen.

Der Fürst von Thurn und Taxis

Doch die Stunde der Vergeltung schlug. Generalpostmeister Graf von Gotter und seine Behörde bekamen genug Gelegenheit, den Maßnahmen der Reichspost Gleiches entgegenzusetzen. Als sich nach den preußischen Siegen bei Roßbach und Leuthen die Gegner überall zurückzogen, erhielt Gotter gemäß seinem eigenen Vorschlag von Friedrich dem Großen den Befehl, in den von preußischen Truppen besetzten Gebieten mit den Ämtern der Reichspost ebenso zu verfahren, wie es gegen die preußischen Postämter in Cleve und Westfalen geschehen sei, das heißt, daß die Taxis'schen Postmeister fortgeschickt, ihre Stellen von preußischen Beamten verwaltet und die Einkünfte auf Rechnung des Königs eingezogen werden sollten. Sofort ergingen entsprechende Befehle an die Kommandeure der preußischen Truppen und Weisungen an die Feldpostämter. Bald waren so viele Stellen mit preußischen Beamten besetzt, daß Gotter zu ihrer Verwaltung eine eigene Kommission einsetzen mußte.

In Berlin ging das Etappenleben fröhlich weiter. Die gefangenen feindlichen Offiziere durften sich auf Ehrenwort frei bewegen. Die Gastfreundschaft ging so weit, daß Gotter diesen Herren nacheinander zwölf Essen gab, ein jedes zu 18 Gedecken, wozu er sie regimenterweise einlud. An bestimmten Tagen trafen sich die Berliner Bekannten zu Kaffeegesellschaften, so auch beim Grafen Gotter.

Das Waffel-Assemblee

Seine Bewirtungen wurden "Waffel-Assemblee" genannt, weil dort allerhand Kuchen gereicht wurden, während es anderswo nur Tee und Limonade zu trinken gab.

Andere Tagebucheintragungen Lehndorffs aus den Jahren 1758 und 1759 berichten von der Not, in welche die Bevölkerung geriet, als die feindlichen Truppen in die Mark Brandenburg vorrückten. Der Hof floh in die Festung Magdeburg. Nachrichten über die Erfolge und Niederlagen der preußischen Heere versetzten die Wartenden heute in Jubel, morgen in tiefe Niedergeschlagenheit. Doch wenn das Land auch furchtbar litt, das Leben der hohen Gesellschaft ging auf gewohnte Weise weiter. Um die leeren Kriegskassen zu füllen, hatte der König den Berliner

Die Bankiers Ephraim und Itzig

Bankiers Ephraim und Itzig das Recht übertragen, Münzen zu prägen. Er hatte sich einverstanden erklärt, daß diese Münzen, die sogenannten "Ephraimiten", einen geringeren Silbergehalt hatten als das bisherige Geld. In diese Finanzaktion wurde auch Gotter einmal hineingezogen. Als der Polizeipräsident von Kircheisen einen Münztransport beschlagnahmen ließ, der mit der Post befördert wurde, wandten sich die Bankiers hilfesuchend an den Generalpostmeister. Dieser schrieb hierzu: "Die hiesigen Juden, welche mir fast das Haus eingelaufen, beriefen sich darauf, daß der König jede Störung seiner Münzoperation als Landesverrat bezeichnet habe, der auf das schärfste bestraft werden sollte." In Folge der Geldentwertung stiegen die Preise der Waren in erschreckendem Ausmaß an.Trotz aller Not wurden nach wie vor viele Gesellschaften gegeben. Lehndorff berichtet: "Die glänzendsten sind beim galanten Grafen Gotter. Dieser hat es sich 600 Taler kosten lassen, um auf Uhren sein Porträt zu malen und beschenkt die Damen damit. Außerdem hat er in Sanssouci sein Bild in Kupfer stechen und auf Teller von Dresdner Porzellan sein Wappen mit einem Denkspruch aus Horaz malen lassen."

Bei dem erwähnten Kupferstich handelt es sich um eine Arbeit des in Berlin und Potsdam tätigen Kupferstechers J.G. Schleuen Sohn. Als Vorlage diente ihm das Gemälde von Antoine Pesne "Graf Gotter mit Begleiterin in Pilgertracht", das im Druck seitenvertauscht wiedergegeben ist. Unter dem Bild stehen die Verse eines mittelalterlichen, französischen Dichters, die in ihrer Wehmut Gotters altersbedingte Resignation ausdrücken und in deutscher Übersetzung lauten: "Süßer Taumel, zärtliche Freuden! Ach, warum tragen eure alten Verlockungen unsere Kräfte nicht ebensoweit wie unsere Wünsche!"

Der oder besser die Teller, denn es gibt verschiedene Ausführungen von ihm, sind in der einschlägigen Literatur beschrieben worden. Zunächst ist zu bemerken, daß sich Lehndorff, was den Hersteller betrifft, in seinen Angaben geirrt hat. Die Teller sind nicht in Dresden, sondern in der Berliner Manufaktur Wegely angefertigt worden, und zwar vor 1757, denn in diesem Jahr stellte der Betrieb die

Arbeit ein. Von den in verschiedenen Orten befindlichen Einzelstücken besitzt das Museum für Kunst und Gewerbe in Hamburg das in der Bemalung reichste Stück (Abbildung). Alle Teller haben Goldränder. Im Fond zeigen sie das Gottersche Wappen, in den Reserven der Fahne holländische Landschaften oder Seestücke. Muschelverzierungen umrahmen das Wappen und füllen den Spiegel. Darüber erhebt sich mit gebreiteten Schwingen der preußische Adler, während Stern und Ordenskette des Schwarzen Adlerordens die Umrahmung nach unten abschließen. In einer Öse hängt wie ein Blütenkelch das preußische Posthorn und liefert so die Datierung des Tellers "um 1754". Unter dem Wappen kündet auf einem Spruchband ein Vers aus den Carmina des Horaz die Lebensweisheit des Epikureers Gotter: DONA PRAESENTIS RAPE LAETUS HORAE (Gib dich hin mit Lust den Freuden dieser Stunde).

Ein Porträt Gotters im Bundespostministerium

Nicht unerwähnt bleiben darf ein Porträt Gotters, das ebenso wie die Wappenteller nach seiner Ernennung zum Generalpostmeister entstanden sein muß. Das Gemälde hängt im großen Sitzungssaal des Bundespostministeriums in Bonn und ist deshalb der Öffentlichkeit nicht allgemein zugänglich. Zusammen mit den Porträts anderer Männer, die sich um die Entwicklung des deutschen Postwesens verdient gemacht haben, wird mit der Zurschaustellung gerade an diesem Ort Gotters Bedeutung als preußischer Generalpostmeister noch heute gewürdigt. Leider ist nicht bekannt, welcher Künstler das fast lebensgroße Bild gemalt hat (Abbildung). Es zeigt den Grafen in prunkvollem, mit reichen Silberstickereien versehenem Staatsgewand, breitem, rotem Schulterband und dem großen Stern des Schwarzen Adlerordens. Anders als auf dem Gemälde von Pesne aus den ersten Berliner Jahren blickt dem Betrachter hier das frische Gesicht eines Mannes entgegen, der seine Gesundheit wiedergefunden zu haben scheint und von der Würde seines hohen Amtes erfüllt ist. Während seine linke Hand den Knauf eines Stockes umschließt, streckt sich die rechte leicht geöffnet nach vorn. Auf einem runden Tische mit Schreibutensilien weisen ein Posthorn, verschiedene Schriftstücke mit dienstlichen Anweisungen und eine viereckige Ledertasche mit metallener Schließe auf die Tätigkeit des Dargestellten hin.

Krieg und Verrat

Im Jahre 1760 reiste Gotter mehrmals nach Magdeburg. Unter dem Datum vom 21. September berichtete Lehndorff: "Es wäre uns jetzt beinahe sehr schlimm ergangen. Die österreichischen Herren Offiziere waren immer über alle Kriegsereignisse früher unterrichtet als wir. Das veranlaßte eine Untersuchung über die Herkunft dieser Nachrichten. Graf Gotter beschloß, sämtliche Briefe der Kaufleute öffnen zu lassen, um zu sehen, ob solche für die Offiziere darin eingeschlossen seien." Man fand wirklich in einem Brief ein Stück weißes Papier, auf dem mit Milch sämtliche Einzelheiten aus der Festung vermerkt waren. Als man bei dem betreffenden Offizier eine Haussuchung durchführte, wurden eine Menge geladener Gewehre und auch Raketen gefunden. Die Sache hatte großes Aufsehen erregt. Aus Berlin erfuhr man, daß der ganze Hof hätte ausgehoben und nach Wien gebracht werden sollen. Durch Gotters Umsicht war es also gelungen, einen schwerwiegenden Zwischenfall zu vermeiden.
Bei einer Fahrt durch die Altmark im Oktober 1760 traf Gotter viele Bewohner Berlins, die sich aufs Land geflüchtet hatten. Überall herrschte die größte Teuerung und eine nicht minder große Furcht vor der Reichsarmee. In einem Brief vom 19.10.1760 schrieb Gotter aus Magdeburg, daß er aus der von den Franzosen belagerten Festung nach Berlin zurückkehren möchte, um dort sein Büro und die Postkurse wieder einzurichten. Voraussetzung hierfür sei, daß in der verwüsteten und von Vieh vollkommen entblößten Umgegend die 100 Pferde gefunden wür-

den, die der Feind fortgetrieben hatte.

Gotters Gesundheitszustand verschlechtert sich

Gotter stand in seinem 68. Lebensjahr, ein abgelebter, lebendig-toter Greis, wie er seinem König auf dessen Epistel freimütig geantwortet hatte. Das ausschweifende Leben, das er seit seiner Jugend führte, hatte seine Gesundheit ausgehöhlt und ihn wieder und wieder den Ärzten in die Arme getrieben. Dennoch verließ ihn selbst in diesem Alter nicht seine Frivolität. Im März 1761 schrieb er an den gothaischen Hofrat Schläger von einem Ring mit schwer zu entziffernder Inschrift: “Ich wünschte mir vielmehr, einen (Ring) zu finden, der mich unsichtbar machen könnte, um so die Eifersucht der Ehemänner zu täuschen und mich in die Bettgäßchen der Schönen gelangen zu lassen.”
Um diese Zeit korrespondierte Gotter mit Schläger auch über den Entwurf von zwei Medaillen, die er zum Andenken an seinen Vater und sich selbst prägen lassen wollte. Es war nicht das erste Mal, daß er sich auf diese Weise zu verewigen beabsichtigte. Schon 1750 hatte Gotter in Erfurt eine Medaille von 35 mm Durchmesser prägen lassen, deren Stempel der Fürstl. Schwarzburg-Sondernhausener Hof-Medailleur Georg Heinrich Werner geschnitten hatte. Der vorstehend genannte Hofrat Schläger war Vorsteher der herzoglichen Bibliothek und des Münzkabinetts zu Gotha. Er galt als ein in der Münzkunde hocherfahrener Mann. Aus seinem Briefwechsel mit Gotter, der in der Bibliothek zu Gotha aufbewahrt wird, geht hervor, daß sich der Graf bemühte, für Schläger Bücher zu beschaffen und für andere, von ihm angebotene Werke Käufer zu finden.
Die auf Gotter geprägte Medaille zeigt auf der Vorderseite sein Brustbild von der rechten Seite, angetan mit Allongeperücke, Staatsgewand und Ordensstern. Die Umschrift lautet: GUSTAV.ADOLPH. S.R.I. COMES A GOTTER (d.h. Gustav Adolph, des Heiligen Römischen Reichs Graf von Gotter). Auf der Kehrseite sieht man ein im Winde treibendes Segelschiff mit der Inschrift: QUO RAPIUNT AURAE (d.h. Wohin entreißen es die Winde). Darunter steht die Jahreszahl 1761 (Abbildung). Die Medaille ist in Gold (6 Dukaten), Silber und Kupfer geprägt worden. Johan Jakob Spies bemerkt in den von ihm verfaßten Münzbelustigungen, daß sich zu seiner Zeit (1771) der Prägestempel noch bei den Erben des Grafen in Schwaben befand und wenigstens 300 Medaillen geprägt wurden, obwohl die zehnfache Menge hätte gefertigt werden müssen, um den weiten Kreis der Freunde und Bekannten zufriedenzustellen.

Das Porträt der Malerin A.D.Therbusch

In jenen Tagen entstand auch das Porträt Gotters von der Berliner Malerin Anna Dorothea Therbusch (1721-1782). Dieses Gemälde (Abbildung) hebt sich aus der Reihe aller bisher besprochenen Darstellungen seltsam fremdartig hervor. Während die Bilder der anderen Maler uns den selbstbewußten Diplomaten, Hofbeamten oder Feudalherrn vorstellen, führt uns das Porträt der polnischen Künstlerin den Lebemann Gotter in seiner ungebundenen Rauschhaftigkeit vor Augen.

A. Beck in "Geschichte des gothaischen Landes, Bd. III

Er ist “im Brustbild vor einen neutralen Hintergrund gestellt, so daß der Kopf zum einzigen Ausdrucksträger wird... Ganz unmotivierte Fels- oder Geländebildungen (sind) wie die Versatzstücke einer Bühne in das Bild hineingeschoben.” Da Gotter beim Entstehen des Porträts im 7. Lebensjahrzehnt stand, dürfte A.D. Therbusch geb. Lisiewska dem wirklichen Aussehen des Grafen sehr geschmeichelt haben. Fast glaubt man, einen Satyr aus dem Gefolge des Bacchus vor sich zu sehen. Das ist nicht der würdige Oberhofmarschall mit Perücke und Ordensband, sondern ein genußfreudiger Zecher, der mit erhobenem Glas dem Betrachter zuzurufen scheint: “Nunc vino pellite curas!” (Nun vertreibt mit dem Weine die Sorgen). Das hübsche Bild enthüllt so recht die Individualität des Epikureers Gotter, wie wir sie aus den Beschreibungen der Zeitgenossen kennenlernten.

1761 begab sich Gotter als Oberhofmarschall auf eine Reise, um die Prinzessin Sophie Charlotte von Mecklenburg-Strelitz als zukünftige Gattin des Königs Georg III. von England zu verabschieden. Da auch Graf Lehndorff im Auftrag der Königin Christine von Preußen an dieser Reise teilnahm, erfahren wir aus seinem Tagebuch, was sich um ihn und Gotter begab. Es sind Nebensächlichkeiten, jedoch von Interesse für die Charakteristik des Grafen. Lehndorff schreibt: "Als ich nach Havelberg gelange, wo ich mit Grafen Gotter die nötigen Vereinbarungen treffen wollte, kommt er mir gerade in einem sechsspännigen Wagen entgegen und ruft in seiner lärmenden Art: *Ich fahre nach Sandau zum Diner, kommen Sie mit!...* Abends kehre ich nach Havelberg zurück, wo mich Gotter in seinem Speisezimmer unterbringt, leider so dicht an seinem Schlafzimmer, so daß ich fast gar nicht schlafen kann. Es gibt keinen unruhigeren Menschen als ihn. Da er keinen Schlaf findet, so schwatzt er die ganze Nacht, weckt alle Augenblicke seine Diener und schickt sie zu seinem Koch mit Anweisungen über die Gerichte, die es den nächsten Tag geben soll... Er ist in einer Hundelaune, schilt seine Diener aus und schreit, daß ihm zuletzt die Stimme versagt."

"Es gibt keinen unruhigeren Menschen als ihn."

Bis zur Ankunft der zukünftigen Königin vergingen einige Tage. Als das Gespann mit ihr schließlich eintraf, standen Gotter und Lehndorff am Schlag und ließen um eine Audienz bitten, die sogleich bewilligt wurde. Gotter hielt nun eine Ansprache, die eine halbe Stunde dauerte und in der er fortwährend stecken blieb. Er und Lehndorff wurden anschließend zum Abendessen eingeladen. Nachdem sie eine Weile zugesehen hatten, wie die zukünftige Königin an einem Tisch allein bedient wurde, bekamen sie in einem anderen Raum ein vorzügliches Mahl vorgesetzt. Gotter und Lehndorff hatten sich von ihrer Mission ein ansehnliches Geschenk erhofft, wie es bei derlei Anlässen üblich war. Doch sie wurden bitter enttäuscht. Die Reise zur Verabschiedung der mecklenburgischen Prinzessin sollte Gotters letzte größere Amtshandlung sein. Seine langjährigen Leiden warfen ihn aufs Krankenbett. Er hatte aber noch die Genugtuung zu erfahren, daß am 5.1.1762 die erbitterte Feindin seines Königs, die Zarin Elisabeth von Rußland, starb. Ihr Nachfolger Peter III., ein Bewunderer Friedrichs des Großen, schloß am 5. Mai 1762 mit Preußen Frieden.

Gotters Krankenlager

Auch während des Krankenlagers konnte Gotter nicht auf Gesellschaft verzichten. Er ließ seine Freunde und Vertrauten, den Polizeipräsidenten von Kircheisen, den Probst Süßmilch von St. Petri in Berlin und den Hofpostrat Bertram, in seine Dienstwohnung in der Poststraße kommen, um mit ihnen eine Partie L'hombre zu spielen. Dabei würzte der Graf deren Ablauf mit witzigen Bemerkungen, so daß man vergaß, am Bette eines Schwerkranken zu sitzen. In einem Brief vom 24.3.1762 an den Baron von Keller in Gotha setzte er sich sogar noch für eine Witwe aus der Gegend von Langensalza in finanziellen Angelegenheiten ein. Dabei schrieb er über seinen Zustand (Übersetzung aus dem Französischen): "Ich bin sehr krank, mein Herr, und seit 10 oder 12 Tagen ohne den geringsten Schlaf und Appetit, in einem Wort, mit einem Körper voller Unordnung und mit niedergeschlagenem Geist." Als König Friedrich II. erfuhr, daß sein Generalpostmeister mit dem Tode kämpfte, schrieb er am 29. April 1762 an den Marquis d'Argens: "Der arme Graf Gotter! Ach, ich werde in Berlin nur Mauern und Sie, mein Freund, wiederfinden!"

Testamentarische Verfügungen

Am 30. März 1762 ergänzte Gotter vor zwei Berliner Rechtsanwälten sein früher verfaßtes und in Ichtershausen verwahrtes Testament. Haupterbin blieb die Tochter Louise Friederike aus der Ehe seiner so früh verstorbenen Nichte Friederike Wangenheim mit dem Grafen von Montmartin. Die im früheren Testa-

ment enthaltenen Vorbehalte wegen der Person Montmartins sollten jedoch entfallen. Hierzu ist zu bemerken, daß Montmartin in Gotha und Preußen höchst unliebsames Aufsehen erregte, als er 1756 in Regensburg als gothaischer Gesandter entgegen seinem Auftrag durch den Herzog für den Reichskrieg gegen Preußen gestimmt hatte. Für diesen Treubruch wurde Montmartin vom Kaiser mit der Reichsgrafenwürde belohnt. Aus gleichem Grunde ernannte ihn der Herzog von Württemberg zum Minister. In der Folgezeit entpuppte sich Montmartin immer mehr als ein Meister in Schmeichelei und Ränkespiel, der seine Widersacher rücksichtslos verfolgte und sich selbst die Taschen füllte.
Das Nachtragstestament enthält außerdem Anweisungen über Geldzuwendungen an einzelne Verwandte Gotters, über die Stiftung eines Kapitals von 500 Reichstaler, von dessen Zinsen den Molsdorfer Kindern alljährlich Kleidung gekauft werden sollte, und über die Zuwendung von Geld und Kleidern an die Dienerschaft. Der Polizeipräsident von Kircheisen wurde ermächtigt, nach Gotters Ableben einen Barbetrag von 2.000 Reichstaler an sich zu nehmen und davon die Begräbniskosten und andere damit verbundene Aufwendungen zu bezahlen. Schließlich sollte ein in Molsdorf befindliches Grabmal nach Berlin gebracht und dort an gehörigem Ort aufgestellt werden. Über den Verbleib dieses Gedenksteins ist nichts bekannt.

28. Mai 1762 – Gotter stirbt

Gotter starb am Freitag, dem 28. Mai 1762. Am folgenden Tag stand in der Berlinischen privilegirten Zeitung, 64. Stück, zu lesen: "Gestern nachmittags um 2 Uhr sind allhier Se. Excellenz, der Hochgebohrene Graf und Herr, Herr Gustav Adolph Graf von Gotter, Königl. Oberhofmarschall, würklicher Geheimer Etats- und Kriegsrath, Vicepräsident und dirigirender Minister bey dem General-Ober-Finanz-, Kriegs- und Domainendirectorio, Generalpostmeister, Curator der Königl. Akademie der Wissenschaften, Ritter des schwarzen Adlerordens, wie auch des Russisch-Kayserlichen Alexander Niewsky-Ordens, Erb- und Gerichtsherr auf Molsdorf etc. etc. im 71sten Jahre Dero Alters, an der Steinkrankheit, verstorben. Se. wohlselige Excellenz haben dem Königl. Hause seit dem 26sten Jahre Dero Alters, so wohl als Gesandter an den Kaiserlichen Höfen zu Petersburg und Wien, als auch bey Verwaltung der Ihnen nachher anvertrauten wichtigen Chargen die beträchtlichsten Dienste geleistet. Wenn eine wahre Staatsklugheit, eine ausgebreitete Kenntnis der Welt, eine patriotische Liebe zu den Wissenschaften und Künsten, mit dem wohlthätigsten Herzen und dem feinsten Geschmack eines vollkommenen Hofmanns verbunden, die schönsten Züge in dem Charakter eines großen Ministers ausmachen; so ist gewiß, daß unsere Geschichtsbücher den Nahmen eines Gotters, den selbst der erhabenste Kenner der Verdienste zu seinen Freunden zu zählen gewürdigt hat, mit einem ewig dauernden Ruhme bezeichnen werden." Gotter stand allerdings erst zehn Jahre später in preußischen Diensten. Auch war er nie Gesandter in Petersburg, wie schon früher einmal behauptet, damals aber sofort widerrufen wurde.
Auch Graf Lehndorff widmete seinem guten Bekannten Gotter in seinem Tagebuch einen Nachruf. Dort heißt es unter dem 30.5.1762: "Noch ein dritter Todesfall wird uns gemeldet. Der berühmte Graf Gotter, Generalpostmeister des Königs, ist gestorben. Er war in ganz Europa bekannt wegen des guten Tisches, den er führte und wozu er allgemein den Anstoß gab, überhaupt durch den großen Aufwand, den er zeitlebens trieb, ohne einen Heller von Hause aus besessen zu haben. Er hatte es aber verstanden, von fast sämtlichen Herrschern Europas und vor allem Deutschlands sich Pensionen zu verschaffen, indem er am Wiener Hofe sehr gut stand, wo er durch die Gunst der Frauen und die Protektion des

berühmten Prinzen Eugen emporgekommen war. Er war ein schöner Mann, heiter und fröhlich und der beste Mensch der Welt. Die Manieren, die er an sich hatte, hätten jeden anderen lächerlich gemacht, während sie ihn beliebt machten, da sie bei ihm natürlich waren... Er war eines jener prächtigen Originale, die man niemals zum Vorbild nehmen darf..."

"Er war eines jener prächtigen Originale..."

Über die letzte Ruhestätte Gotters findet sich in der Literatur nur ein einziger Hinweis, wo es heißt: "Friedrich der Große aber ehrte dankbaren Sinnes seinen bewährten Freund und Ratgeber über den Tod hinaus, indem er anordnete, daß seine irdischen Überreste in der Garnisonkirche zu Berlin beigesetzt wurden." Gotters Name fehlt jedoch im "Verzeichniß der in der Garnisonskirche von 1729-1830 beigesetzten Offiziere und Beamten". Einen Eintrag fanden wir schließlich im Totenbuch der evangelischen Marienkirche zu Berlin, wo im Jahrgang 1762 auf Seite 782 unter dem 4. Juni steht: "Se. Hochgräfl. Excell. Hr. Gustav Adolph Graf v.Gotter. Fun. Templ. St. Marien" und nach "Gotter" eingefügt "unter der Sacristey".

Verzeichnis der benutzten Quellen und Literatur

I. Quellen

Geheimes Staatsarchiv Preußischer Kulturbesitz Berlin-Dahlem Bestand "Kleine Erwerbungen"

Hauptstaatsarchiv Stuttgart Bestand A 21 und A 74 Kirchenbuch der St. Trinitatiskirche von Molsdorf Kr. Erfurt

Staatsarchiv Potsdam Rep. 16 Nachlaß des Studienrates Karl Eugen Korn

Taufbücher der evangelischen Augustinerkirche und der Margarethenkirche in Gotha, aufbewahrt beim Stadtkirchenamt

Totenbuch von St. Marien in Berlin (Fotokopie beim Ev. Zentralarchiv in Berlin)

II. Lexika und andere Nachschlagewerke

Adreß-Calender der Königlich-Preußischen Haupt- und Residentz-Städte Berlin (später Berlin und Potsdam) und daselbst befindlichen Kgl. Hofes (Berlin für die Jahre 1755, 1756 und 1761)

Allgemeine Deutsche Biographie (München 1875 -1912; Neudruck Berlin 1970/1971)

Allgemeines Lexikon der bildenden Künstler von der Antike bis zur Gegenwart, herausgegeben von Dr. Ulrich Thieme und Dr. Felix Becker (Leipzig 1907-1962; photomech. Neudruck Leipzig 1969/1970)

Brockhaus Enzyklopädie in 20 Bänden, 17. Ausgabe (Wiesbaden 1966 -1976)

Neue deutsche Biographie, Bd. 6 (Berlin 1964)

Zedler, Johann Heinrich: Großes vollständiges Universal-Lexikon (Leipzig und Halle 1739; Nachdruck Graz 1961)

III. Literatur

Allgemeiner Anzeiger der Deutschen, Bd. 2, 3312/3313 (Gotha 1824)

Alvarez de La Braña, D. Ramon: Siglas y abreviaturas latinas (d.h. Lateinische Sigel und Abkürzungen) (Leon 1884; Nachdruck Hildesheim - New York 1978)

Antoine Pesne. Mit Beiträgen von Ekhart Berckenhagen u.a. (Berlin 1958)

Ausländer, Fritz: Friedrich Wilhelm I. Verhältnis zu Österreich, vornehmlich im Jahre 1732 (Dissertation Königsberg i.Pr. 1908)

Bau- und Kunstdenkmäler Thüringens, bearbeitet von Prof. Dr. P. Lehfeldt, Heft VIII, Amtsgerichtsbezirk Gotha (Jena 1891)

Beck, August: Geschichte des gothaischen Landes, Bd. III, Theil II (Gotha 1876); zitiert: Beck, Geschichte des gothaischen Landes

desgl.: Graf Gustav Adolf von Gotter. Ein Lebensbild aus der Zeit Friedrich's des Großen und Maria Theresia's (Gotha 1867);zitiert: Beck

Berlinische privilegirte Zeitung, 64tes Stück, Sonnabend, den 29 May 1762

Biederbick, Andreas: Der Deutsche Reichstag zu Regensburg im Jahrzehnt nach dem Spanischen Erbfolgekrieg. 1714 -1724 (Dissertation Bonn 1937)

Bielfeld, Freiherr von: Friedrich der Große und sein Hof, oder So war es vor 100 Jahren. In vertrauten Briefen geschrieben von 1738 -1760. Zweiter Theil (Breslau 1838)

Braubach, Max: "Le Diable." Ein Mentor Friedrichs des Großen als Agent des Prinzen Eugen (In: Historische Forschungen und Probleme - Wiesbaden 1961) S. 122-145

desgl.: Die Geheimdiplomatie des Prinzen Eugen von Savoyen. Wissenschaftliche Abhandlungen der Arbeitsgemeinschaft für Forschung des Landes Nordrhein-Westfalen 22 (Köln und Opladen 1962)

desgl.: Prinz Eugen von Savoyen. Eine Biographie (5 Bände - München 1963)

Buff, Walter: Gerlach Adolph Freiherr von Münchhausen als Gründer der Universität Göttingen (Göttingen 1937)

Burbach, Wilhelm: Molsdorf in den Jahren 1805 bis 1815. Aus: Heimatblätter aus den Coburg-Gothaischen Landen (Gotha 1908) Heft 4, S. 12-18

Denkmale in Thüringen (Weimar 1974)

Deutsches Geschlechterbuch, Bd. 33 (Limburg 1921)

Facius, Friedrich: Staat, Verwaltung und Wirtschaft unter Herzog Friedrich II. (1691-1732) (Gotha 1932)

Förster, Friedrich: Friedrich Wilhelm I. König von Preußen (3 Bände - Potsdam 1834)

Formey, Johann Heinrich Samuel: Souvenirs d'un Citoyen (2 Bd. Berlin 1789)

Forschungen zur brandenburgischen und preußischen Geschichte (Band 24 - Berlin/Dahlem 1911)

Fortgesetzte Neue Genealogisch-Historische Nachrichten von den vornehmsten Begebenheiten, welche sich an den Europäischen Höfen zugetragen etc., 1. und 2. Theil (Leipzig 1762)

Friedrich II. König von Preußen: Oeuvres du Philosophe de Sanssouci (Bd. 1-3 - Göttingen 1761)

Ders.: Oeuvres des Frédéric le Grand, Tome XVII (Berlin 1851)

Fuhrmann, P. Mathias: Alt- und Neues Wien, oder dieser Kayserlich- und Ertz-Lands-Fürstlichen Residentz-Stadt chronologisch- und Historische Beschreibung etc. (Wien 1730)

Galletti, Joh. Georg August: Geschichte und Beschreibung des Herzogthums Gotha. Dritter Theil (enthält Molsdorf) (Gotha 1780)

Die Garnisonkirche in Berlin In: Vermischte Schriften im Anschlusse an die Berlinische Chronik und an das Urkundenbuch, Zweiter Band (Berlin 1888), S. 1-14

Geller, Fritz: Gründung Neudietendorfs. Zur Erinnerung an die vor 150 Jahren der Brüdergemeine Neudietendorf durch fürstliche Gnade verliehene Konzession (Neudietendorf 1914)

Der Genealogisch-historische Archivarius auf das Jahr 1738 etc. (Leipzig 1738)

Genealogisch-historische Nachrichten von den allerneusten Begebenheiten, welche sich an den europäischen Höfen zugetragen etc. (Leipzig 1739 -1749)

Gotha und sein Gymnasium. Herausgegeben von Heinrich Anz (Gotha/Stuttgart 1924)

Gotter, Friedrich Wilhelm: Zum Andenken der Frau von Buchwald (Gotha 1790)

desgl.: Gedichte. Dritter Band (Gotha 1802)

Haeckel, J.: Die Journaliere Berlin-Potsdam (In: Deutsche Postgeschichte, Bd. 2, Leipzig 1941)

Harnack, Adolf: Geschichte der Königlich Preußischen Akademie der Wissenschaften zu Berlin (Erster Band - Erste Hälfte - Berlin 1900)

Hengst, Hermann: Die Ritter des Schwarzen Adlerordens (Berlin 1901)

Hollender, Hermann: Molsdorf - Roman aus der Zeit Friedrichs des Großen (Neudietendorf 1928)
desgl.: Der Erfurter Maler Jakob Samuel Beck (1715 -1778) (In: Mitteldeutsche Zeitung, Erfurt, vom 17.3.1928)
Kania, Hans: Barbarina und Lichtenau (Berlin 1928)
Kekule von Stradonitz, Stephan: Zwei bisher unveröffentlichte Briefe des Freiherrn, späteren Grafen Gustav Adolf von Gotter an König Friedrich Wilhelm I. (In: Erforschtes und Erlebtes aus dem alten Berlin - Schriften des Vereins für die Geschichte Berlins, Heft 50 - Berlin 1917) S. 133 -149
Koetschau, Karl: Luise Dorothee, Herzogin von Sachsen-Gotha und Altenburg. Eine Freundin Friedrichs des Großen und Voltaires (Berlin 1941)
Koser, Reinhold: Geschichte Friedrichs des Großen (4 Bände - Neuauflage Darmstadt 1974)
Krüger, Helmut Otto: Gustav Adolph Reichsgraf von Gotter, Kgl. Preußischer Generalpostmeister (1753-1762) aus: Archiv für deutsche Postgeschichte, Heft 2/1979, S. 37-54
Küchelbecker, Johann Basilius: Allerneueste Nachricht vom Römisch-Kayserlichen Hofe Nebst einer ausführlichen Historischen Beschreibung der Kayserlichen Residentz-Stadt Wien und der umliegenden Oerter (andere Auflage, Hannover 1732)
Kühn, Bodo: Die Bauern von Molsdorf (Berlin 1979)
Kühnlenz, Fritz: Durchs Tal der Wilden Gera (Rudolstadt 1968)
Leh, Gustav: Die St.-Marien-Kirche zu Berlin. Ihre Geschichte und ihr Bild (Berlin 1957)
Lehndorff, Ernst Ahasverus Heinrich von: Dreißig Jahre am Hofe Friedrichs des Großen - Aus den Tagebüchern des Reichsgrafen..., Kammerherrn der Königin Elisabeth Christine von Preußen, hrsg. von Karl Eduard Schmidt-Lötzen (Gotha 1907); zitiert: Lehndorff
Ders.: Nachträge; Band I (Gotha 1910); zitiert: Lehndorff Nachträge
Maria Theresia und ihre Zeit. Zur 200. Wiederkehr des Todestages. Ausstellung 13. Mai bis 26. Oktober 1980 Wien, Schloß Schönbrunn (Salzburg-Wien 1980)
Mitis, Oskar Freiherr von: Jagd und Schützen am Hofe Karls VI. (Wien 1912)
Mitteilungen der Literarischen Gesellschaft Masovia, 3., 4., 9. und 10. Heft (Lötzen 1897-1904)
Möller, Hans-Herbert: Gottfried Heinrich Krohne und die Baukunst des 18. Jahrhunderts in Thüringen (Berlin 1956)
Mülverstedt, G.A. von: Der preußische Adel; Freiherrn und Grafen, Ergänzungsband (Nürnberg 1906)
Neue genealogisch-historische Nachrichten von den allerneusten Begebenheiten, welche sich an den europäischen Höfen zugetragen etc. (Leipzig 1750-1763)
Nyári, Alexander: Der Portraitmaler Johann Kupetzky. Sein Leben und seine Werke (Wien, Pest, Leipzig 1881)
Osten, Jenny v.d.: Luise Dorothee, Herzogin von Sachsen-Gotha 1732-1767 (Leipzig 1893)
Paldus, Josef: Eine Ansicht von Wien und seiner Umgebung aus dem Jahre 1742 (In: Berichte und Mitteilungen des Altertumsvereins zu Wien, Band 46/47 - Wien 1914) S. 3-8
Pöllnitz, Carl Ludwig, Baron de: Lettres et Mémoires (Amsterdam 1737)
Quirin, Karl Heinz: Herrschaft und Gemeinde nach mitteldeutschen Quellen des 12. bis 18. Jahrhunderts (Heft 2 Göttinger Bausteine zur Geschichtswissenschaft - Göttingen 1952)
Ranke, Leopold von: Preußische Geschichte (Hamburg 1934)
Reineck, Carl: Drei Pflegestätten deutscher Gartenkunst, ihre Schöpfer und ihre Stellung in der bildenden Gartenkunst (In: Sammlung gemeinverständlicher wissenschaftlicher Vorträge. Neue Folge. Neunte Serie. Heft 215 - Hamburg 1895) S. 20-36)
Rudolphi, Friedrich: Gotha diplomatica oder der Fürstl. Sachsen-Gothaischen Historien Beschreibung, Dritter Theil (Frankfurt 1717)
Samhaber, Ernst: Das Geld (München 1964)
Schäfer, Ernst: Parkwanderungen in Thüringen (Berlin 1977)
Schlösser und Rittersitze Thüringens Ernestinischer Linie (Leipzig 1858)
Schloß Molsdorf, Führer 1979 (Faltblatt)
Schneider, L.: Geschichte der Oper und des Königlichen Opernhauses zu Berlin (Berlin 1852)
Schwertfeger, Josef Adolf: Eine Beschreibung der Stadt Wien aus der Zeit Kaiser Karl VI. (In: Programmschrift des k.k. Akademischen Gymnasiums Wien - Wien 1906) S. 3-24
Spies, Johan Jakob: Der Brandenburgischen historischen Münzbelustigungen, vierter Teil (Anspach 1771)
Stephan, Heinrich: Geschichte der Preußischen Post (Berlin 1859)
Stier, Wolfgang: Schloß Molsdorf (In: Deutsche Architektur, Jahrgang 17, Heft 9 - Berlin 1968) S. 549 - 551
Storch, Ludwig: Ein Parvenu des vorigen Jahrhunderts (In: Die Gartenlaube, Jahrgang 7, Heft 7, S. 93-95 und Heft 8, S. 112-115 - Leipzig 1859)
Thiébault, Dieudonné: Friedrich der Große, seine Familie, seine Freunde und sein Hof (2 Teile - Leipzig 1828)
Timpel, M.: Graf Gotter und Schloß Molsdorf (In: Mitteilungen des Vereins für die Geschichte und Altertumskunde von Erfurt, 34. Heft, S. 123-156 - Erfurt 1919)
Vehse, Eduard: Geschichte der deutschen Höfe; 29. Band: Geschichte der Höfe des Hauses Sachsen (Hamburg 1854); zitiert: Vehse, Höfe
Ders.: Geschichte des preußischen Hofs und Adels und der preußischen Diplomatie. Vierter Theil (Hamburg 1851); zitiert: Vehse, preuß. Hof
Vulpius: Curiositäten der physisch-literarisch-artistisch-historischen Vor- und Mitwelt (Band 9, V. Stück - Weimar 1822)
Weber, Karl von: Aus vier Jahrhunderten. Mitteilungen aus dem Haupt-Staatsarchive zu Dresden. Neue Folge. Zweiter Band (Leipzig 1861)
Weber, Ottocar: Eine Kaiserreise nach Böhmen im Jahre 1723 (Prag 1898); Separat-Druck aus den Mitteilungen des Vereins für Geschichte der Deutschen in Böhmen. XXXVI. Jahrgang
Weißenhofer, Anselm: Martin de Meytens und der Wiener Hof (In: Mitteilungen des Vereins für die Geschichte der Stadt Wien. Band 4 - Wien 1923) S. 399-406
Weller, Cornel: Die Weller von Molsdorf (In: Genealogie. Deutsche Zeitschrift für Familienkunde. Band 22, Heft 1 - Göttingen 1973) S. 399-406
Wiemer, K.: Ort und Schloß Molsdorf in Thüringen in Vergangenheit und Gegenwart (Gotha 1894)
Zeyß, E.: Graf Gotter. Ein Lebens- und Charakterbild nach zeitgenössischen Quellen (In: Das Thüringer Fähnlein, Band 8, 1939) S. 222-226
Zick, Gisela: Vive la joye. Zu einem Teller der Manufaktur von Wilhelm Caspar Wegely; aus: Keramos. Zeitschrift der Gesellschaft der Keramikfreunde e.V. Düsseldorf, Heft 50/Oktober 1970 (Köln 1970) S. 162-171
Zimmermann, Ritter von: Fragmente über Friedrich den Großen zur Geschichte seines Lebens, seiner Regierung und seines Charakters (3 Bände - Leipzig 1790)

Abbildung 1

"Graf Gotter",
Ölgemälde von
Martin de Meytens,
Staatsgalerie Stuttgart

Abbildung 2

"Graf Gotter
im Jagdanzug",
Ölgemälde von
Johann Kupetzky,
Schloß Molsdorf

Abbildung 3

"Baron G.A.v.Gotter", Schabkunstblatt nach Kupetzky von Bernhard Vogel, Nürnberg 1737, Herzog Anton Ulrich-Museum Braunschweig

Abbildung 4

"Graf Gustav Adolf von Gotter"
Ölgemälde von Adám Mányoki,
Herzog Anton Ulrich-Museum Braunschweig

Abbildung 5

Glaspokal,
Potsdam 1735,
Kunstsammlungen der
Veste Coburg

Abbildung 6

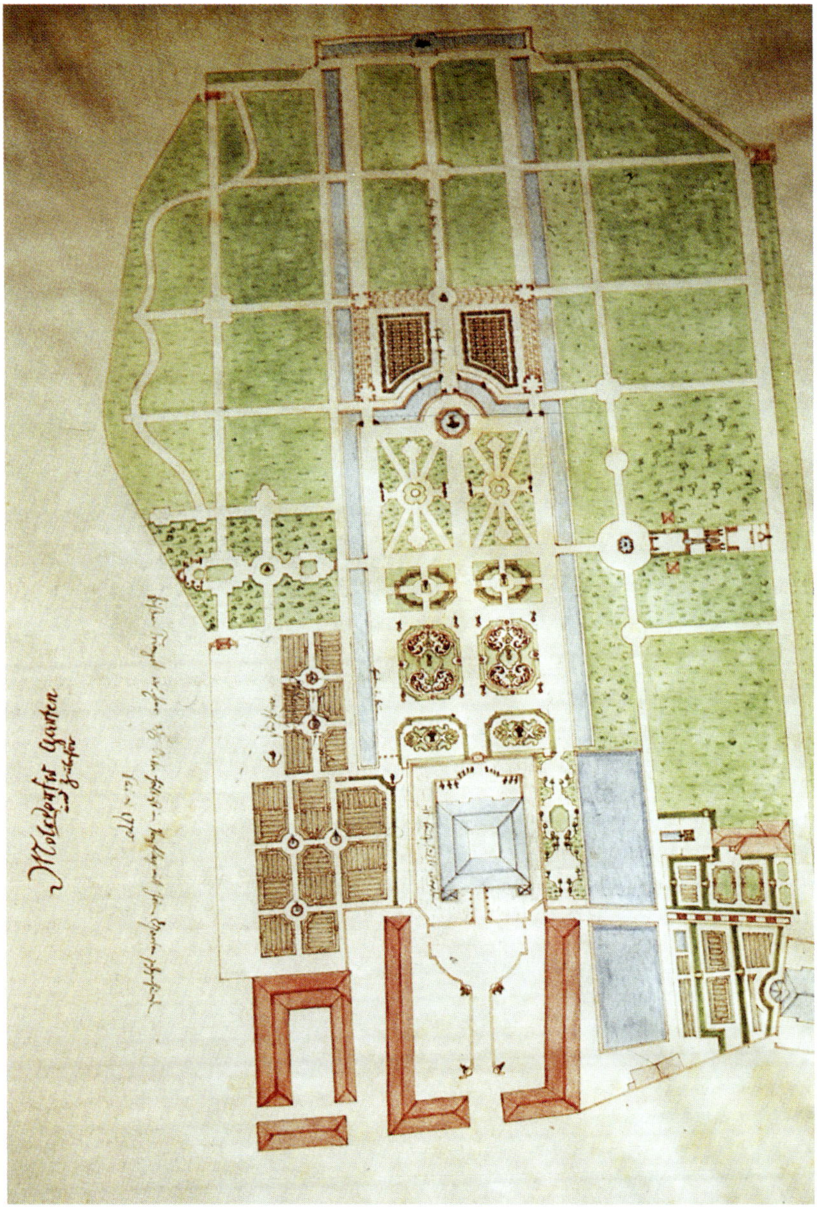

Kolorierter Plan
aus dem Jahre 1770
von Schloß und Garten
Molsdorf

Abbildung 7

"Graf Gotter in späteren Lebensjahren", Ölgemälde von Johann Samuel Beck Schloß Molsdorf

Abbildung 8

Graf Gotter als Jäger
in der Federzeichnung
"Tod und Jäger"
von H. Kruspe
nach dem Ölgemälde
von J.S.Beck
in dem Gemäldecyclus
des Erfurter Totentanzes

Abbildung 9

"Graf Gotter",
Ölgemälde von
Antoine Pesne,
Gemäldegalerie
Berlin-Dahlem

Abbildung 10

"Graf Gotter mit Begleiterin in Pilgertracht", Ölgemälde von Antoine Pesne, Schloß Molsdorf

Abbildung 11

"Friederike von Wangenheim in der Tracht des Ordens der gutgelaunten Eremiten", Ölgemälde eines unbekannten Künstlers, Privatbesitz

Abbildung 12

Porzellanteller
mit Wappen des Grafen
Gotter,
Manufaktur
Wilhelm Caspar Wegely,
Berlin um 1754,
Museum für Kunst
und Gewerbe Hamburg

Abbildung 13

"Graf Gotter als Generalpostmeister", Ölgemälde eines unbekannten Künstlers, Bonn, Bundespostministerium

"Medaille
auf den Grafen Gotter",
Silber, Gravur 1761
von Georgi,
Münzkabinett im
Schloß Friedenstein,
Gotha

Abbildung 15

"Graf Gotter als fröhlicher Trinker", Ölgemälde von Anna Dorothea Therbusch, Heidelberg, Kurpfälzisches Museum